菊池省三流 奇跡の学級づくり

崩壊学級を「言葉の力」で立て直す

菊池省三
関原美和子／構成

小学館

装幀　近田火日輝（fireworks.vc）

目次

菊池省三流　奇跡の学級づくり

第2章 学級成熟期

※本文中に登場する子どもの氏名は仮名です。

はじめに

　学級崩壊やいじめ、教育格差……今、学校はさまざまな問題にさらされています。担任が新人でもベテランでも関係なく、どのクラスでも学級崩壊は起こり得るのです。

　学級が荒れる大きな要因は、一言で言えば、学級内で人間関係が築けないことにあります。教師と子どもの〝縦〟の関係しかり、子ども同士の〝横〟の関係しかり、学級の中にどこかいびつな関係が生まれているのです。

　こうしたゆがんだ人間関係を立て直すにはどうすればいいのでしょうか。私は、言葉を大切にし、子どもたちに豊かな「言葉のシャワー」を降り注ぐことで、温かい人間関係を築いていきたいと考えています。

「うざい」

「死ね」

「面倒くさい」

　荒れている学級には、こうしたマイナスの言葉があふれています。マイナスの言葉はマイナスの考え方であり、マイナスの行動を生み出します。言い換えるなら、プラスの言葉があふれている学級にはプラスの考え方が生まれ、プラスの行動力につながるということになります。つまり、プラスの価値ある言葉を子どもたちにたくさん浴びせることで、進むべきプラスの方向を示していくのです。

もちろん、子どもたちはすぐに変わることはできません。1年間を見通し、じっくりと取り組むことが必要です。

信頼関係を築くため、私はまず、子どもたちのよいところを見つけてほめるところからスタートします。

2013年度、私は5年1組を受け持ちました。低学年の頃から問題を起こし、四年生の頃は2クラスとも見事に荒れていました。

離任式から始業式までの間、私はこれから受け持つ五年生一人ひとりを注意深く観察していました。そんな中、茶色く髪を染め、体をふらふら揺らしていた鹿島田裕真君は、とても目立っていました。鹿島田君はこれまでたびたび問題を起こし、この学年の荒れの大きな〝要因〟となっている子どもです。

礼をする機会が3回あったのですが、鹿島田君は1回目は礼もせず、全く無関心でした。2回目は、ちらっと頭を動かしました。さらに3回目は、ほんの少しだけ気をつけ・礼をしたのです。始業式が終わったとき、たまたま私のほうを見た鹿島田君を、すかさずみんなの前でほめることにしました。鹿島田君の前に行って、氏名を聞くと、びっくりした様子で「裕真」と下の名前だけで答えました。普段、名前を呼び捨てにされて怒られることに慣れていた鹿島田君は、話す機会でも呼ばれる機会でもフルネームが使われることはなく、このときもまた何か怒られるのでは、と身構えていました。

鹿島田君から氏名を聞いた私は、「今、私が話そうとしたとき、鹿島田裕真君は私のほうを向いていましたね。素晴らしいです！」とほめました。子どもたちはびっくり。ほめられた鹿島田君も、不意を突かれてぽかんとしていました。

コミュニケーションを成立させる条件を示したものとして「メラビアンの法則」があります。話し手が聞き手に対して与える印象を決定する要素のうち、言語情報は7％にすぎず、あとの93％は口調や仕草など聴覚・視覚情報が占めているといいます。ほめるとき、教師はつい、子どもたちの優れた発言を取り上げる傾向にありますが、こうした非言語の部分に目を向ければ、ほめる要素はたくさん見つかります。

問題のある子も特別視せず、よいところを見つけてほめるよ、という姿勢を示すことで、「新しい担任の先生は、自分たちをしっかり見てくれるかもしれない」と、子どもたちに期待感をもたせることはとても大切なアプローチです。

集団の中では、やる気があるグループ：普通のグループ：やる気がないグループの割合が、大体2：6：2に分かれやすいといわれています。学級経営では、6に属する普通グループの子どもたちにやる気をもたせて2＋6で8に高め、残りの2の子どもたちを引っ張っていくことが大切だといわれています。しかし、荒れている学級では、6の子どもたちを2に上げることは、そう簡単にはいきません。

また、自分を素直に出す土台がない学級では、上の2の子どもたちも、なるべく目立たないようにしています。担任として私は、ゆくゆくはクラスを引っ張っていくであろう子を見つけ、問題ある子にも目を配り、1つの集団としてまとめていくための指導を考えていきます。ある時は子どもに寄り添いながら、ある時は一歩引いて子どもたちを眺めながら、1年後の成長した姿を信じて指導していくのです。

本書では、こうした子どもたちの1年間の成長を見すえた学級経営や話し合いの授業、そして教師の学び合いなどについて伝えていきたいと思っています。

本書が明日からの教室に少しでもお役に立てば幸いです。

第1章

学級成長期

―温かい学級の土台となる人間関係づくり―

不安や不信感……〝マイナス〟からスタートする学級もある

「黄金の3日間」という〝幻想〟

新年度、子どもたちとの新しい1年間を左右する学級経営の指針を示す「黄金の3日間」という言葉があります。教師の話を素直に聞く最初のうちに、担任の願いや学級目標を伝え、学級の約束事やルールを徹底させることが大切だと、細かい指導を記した本も数多く発表されています。

しかし、その指導例どおりに取り組んでも、子どもたちから手応えを得られないどころか、むしろ冷ややかな反応が返ってくることに戸惑っているという話を、最近よく聞きます。

子どもたちは、誰もが希望に満ちて進級してくるわけではありません。特に、荒れていた学級で1年間過ごしてきた子どもたちは、不安や不満を抱えて新年度を迎えます。

ここ数年、特に感じているのですが、問題を抱えてくる子どもたちには、次のような傾向が見られます。

放課後、１日めに学んだことを黒板に記しておく。朝、登校してきた子どもたちが真っ先に目にする新たな“学級の決意”でもある。

①仲間グループによる〝群れ〟が残っている

群れ仲間との〝マイナス〟の関係を断ち切れないまま進級してきた子どもたちは、新しい仲間や担任との関係よりもグループ内でのつながりに重点を置いています。

「真面目になったら、グループから外すから」「わたしたちはいつまでも、このままで変わらないよね」「〝友達〟だから、裏切ったりしないよね」というようにお互いを牽制し合い、他を寄せつけない雰囲気を強く醸し出しています。

例えば、担任が座席を指定していても、勝手に群れ同士で近くに座っているケースがあります。反抗した態度を示すことで、新しい担任が、どの程度厳しく注意するのか見極めようとしているのです。

②いじめを引きずっている

高学年を多く担任していると、それまでに起こったいじめがほとんどが解決されないまま、進級してくる事実に驚かされます。

いじめられている子は「今年は大丈夫だろうか」と不安に思い、いじめていた子は「今度の先生はいじめに対してどう対応するのだろう」と教師の出方をうかがい、お互いに探り合っています。特にいじめていた側の子は、楽なほうに流れようとする意識が強く、「今までと同じであればいい」という気持ちが強いようです。そこには、担任とつながろうという意識はありません。

③最初からあきらめている

クラスに何人か、自分の行動をうまくコントロールできず、自分を客観的にとらえることができない子どもがいます。

友達とちょっかいをかけ合ってけんかになったり、学級のルールを破ったりすることはしばしばです。そのたびに、教師からいつも怒られてきたせいか、「どうせまた怒られる」「どうせまたダメだと言われる」と頑なに思い込みをもち、新しい担任にも、さほど期待をしていません。

こうした子は周りの友達からも疎外されがちになり、自分に自信がもてないため、「環境が変わったからといって、自分が変わることはない」と、最初からあきらめています。

このような、担任やクラスの友達に対して不信感を感じている子どもたちに、昔のような〝牧歌的な〟接し方で熱く語っても、教師の願いが届くことはありません。荒れた大地の〝種〟

は、もっともっと深いところで芽吹く時期を待っているのです。

「人」を育てる〝言葉〟の力

〝マイナス〟からスタートすることもある学級に対し、教師はどのように1年間の見通しをもって臨めばよいのでしょうか。

私は、担任が自分の得意分野を生かした学級経営をしていくことが大切だと考えています。専門性や科学性をより発揮できる強みがあるからです。

母体である学級の運営においては、あくまで担任の独自性を生かし、校長は組織の長としてゴーサインを出す役目を担うべきです。少なくとも、学校全体で一律に決めたり、強制するような雰囲気をつくることだけは避けたいものです。担任の個性が生かされず身動きがとれない状態では、さまざまな問題を抱える子どもたちに太刀打ちできません。

そして学級経営で何より大切なのは、「子どもを育てる」のではなく、「人を育てる」視点を教師がもつことだと思っています。

担当した学年で学ぶべき知識や身につけるべき技能を教えることは、担任にとってもちろん大切なことです。でも、それだけでは「子ども」を育てることに留まってしまいます。本当に大切なのは、知識や技能の先にある、公《おおやけ》（社会）に必要な「人」を育てる意識をもつことではないでしょうか。

公の場ではよりよい社会を実現するため、さまざまな人と協力し合うことが求められます。自分らしさを発揮し、望ましい社会を築き上げていくこと。「大人になる」とは、それができる人になるということです。私たち教師は、子どもの未来を見すえた意識をもつことが大切なのです。

「人を育てる」源になるのは、コミュニケーション力です。そして、コミュニケーション力を支えるのが〝言葉〟の力です。一人ひとりが豊かな言葉を獲得し、自分を表現する。友達との学び合いを通してさまざまな意見や考えを知り、相手を理解する。この積み重ねが自信をもたらし、自分と同じように相手の存在も大切に思う信頼感を育み、温かい学級を生み出していくことを、私は実践を通して確信しています。

価値づけてほめる

それでは、具体的な取り組みについて話しましょう。

私は何よりまず、子どもたちが自己肯定感をもてるようにすることから始めます。

「よいこと」に価値づけ・意味づけをして子どもたちに気づかせ、「どうせ自分なんて……」というマイナスの気持ちを「自分だからこそ」というプラスに転化していくのです。

価値づけの基本はほめることです。特に新年度が始まったときは、教師がさまざまな場で子どもたちをほめ、手本を示します。だからといって、むやみやたらにほめればよいというわけではありません。子どもたちは、そういう教師に対しては「自分たちに迎合している」と敏感に感じ取ります。

大切なのは、子どもの行為を価値づけしてほめることです。

例えば、話し手のほうに体を向けて、笑顔で聴いていた子どもに対して、聴く姿勢という行為に加え、「話し手が話しやすいように聴いていた○○さんは、思いやりがあふれ出ていますね」と、行為の価値づけをしてほめるのです。

最初は、突然ほめられたことに子どもたちは驚きます。ほめられた本人も「思いやりをもって聴いていた」という意識がないので、「えっ⁉」という表情になります。この、小さな驚きは、「自分がこんなことでほめられるなんて思わなかった」という喜びにつながっていきます。

このように、ときには子どもの予想を〝すかす〟つもりで、一歩引いた意識で子どもを眺める姿勢も必要でしょう。

価値づけをすることで、ほめられた本人はもちろん、他の子どもたちも「よいこと」の本質を学ぶことができます。単に行動をほめるだけでは、ともすれば子どもたちは「教師の言うことを聞くことがよいこと」という偏ったとらえ方をしてしまいます。

価値づけ・意味づけをしてほめることで、「よいこと」の本質を学ぶことができるのです。「そうは言っても、問題を起こす子や目立たない子は活躍する場面も少ないし、出会ったばかりの子ども一人ひとりのよいところをすぐに探すのは難しい」と思われる教師も少なくないでしょう。そんなときは、子どもの〝非言語〟の部分もつぶさに見てください。

例えば、次のような式に当てはめて考えてみましょう。

対話力＝話すこと×聴くこと

子どもたちがもっている力が10だとした場合、対話力が最大値になるのは、どんな組み合わせのときでしょうか。話す9×聴く1でもなく、話す1×聴く9でもなく、話す5×聴く5の組み合わせだということがわかります。つまり、目に見えやすい「話す」だけではなく、非言語の「聴く」ことにも注意を向ければ、子どもたちをほめる視点が自ずと増えてくるはずです。

もちろん、非言語は「聴く」ことだけではありません。もっと広くコミュニケーション力をとらえてみましょう。


コミュニケーション力＝（内容＋声＋態度＋α〈工夫〉）×相手への思いやり

コミュニケーションにおいては、話す・聴く行為だけではなく、話したり聴いたりする意欲や工夫、相手軸に立った思いやりも大切な要素です。

この式を当てはめてみれば、学習や活動のほとんどの場面で、具体的に子どもをほめることができると思います。

まずは、教師が子ども一人ひとりと縦糸でつながること。ていねいに張り巡らされた糸は、後に織りなされる子どもたちの横糸の土台となるのです。

まずは教師と子どもの縦糸づくりから。一人ひとりと、ていねいにしっかりと。

キーワード

「子どもを育てる」のではなく、「人を育てる」視点が大切です。

ほめることで、価値ある言葉を子どもの中に浸透させる

子どもをほめる二つのアプローチ

まずは教師が、子ども一人ひとりと縦糸でつながることが大切だと述べました。次は、どのように子どもとつながっていけばよいのか、私自身の具体的な取り組みを話していきたいと思います。

私の学級経営の基本は、「ほめる」ことです。「どうせ自分なんて」と自信がもてない子どもの自己肯定感を高めることが大切だと考えているからです。特に、新年度が始まった2か月間は、強く意識して子どもたちをほめます。

ほめ言葉には、大きく分けて「話す」「書く」の二つのアプローチがあります。それぞれに取り組むだけでなく、二つのアプローチを関連づけて効果を上げていくことが大切です。

まず、「話す」アプローチから、国語の授業での様子を例に挙げてみましょう。全員を立たせて、「教科書の○ページを声に出して読みましょう。読み終えたら座って黙読しなさい」と指示を

出しました。

一斉に読み始め、読み終えた子どもたちが次々と座っていきました。しかし、座る子が半数を過ぎたころ、立っていた子どもたちがドドドッと一斉に座ってしまいました。最後の一人になるのがいやだったのでしょう。

その中に、一緒に座るタイミングを逸し、一人で最後まで読まざるを得なくなった当間楓さんがいました。私は彼女をうんとほめました。

「当間さん、一人になってもよく読み通したね。読んでもいないのに、みんなに合わせて座った人がいる。恥ずかしい行為です。あなたのような行為を〝一人が美しい〟といいます。最上級生らしい立派な態度でした。拍手」

本当に「恥ずかしい行為」とは、どういうことなのかを子どもたちにきちんと教えました。「自分が最後の一人になるのが格好悪いのではなく、最後の一人になっても、正しいことをするのが本当の意味で格好いいこと、美しいことなのだ」と言葉によって価値づけるほめ方です。

この場面で大切なのは、座った子を叱ることより、最後まで残っていた子をほめることです。ほめることで、〝一人が美しい〟という価値観が教室全体へと浸透していくのです。

この価値観は、その後、さまざまな場面で生きてきます。「一人が美しい」という言葉が心に入った子は、授業中に質問はないかと聞かれたとき、臆せず手を挙げることができるようになりました。

「書く」ことで、子どもたちの心に印象づける

続いて、「書く」アプローチについてお話ししましょう。

始業式の日、私はクラス全員にノートを配り、表紙に「成長ノート」と記入させます。毎日の教室の中で、子どもたちに教えたい〝価値ある行為〟がたくさんあります。「成長ノート」は、節目節目に合わせた規範意識や育てたい目標など、学級の中で学ばせたい〝価値ある行為〟を子ども一人ひとりの心に深くしみ込ませ、その行為を学級全体の価値として広げていきたいときに活用するものです。話をして「教える」だけより、書かせることで、子どもたちの心により印象づけるためです。

書かせるテーマは、原則として私が決めます。「運動会で輝いていた友達」「今日の○○さんの発言から学んだこと」など、できるだけ具体的なテーマにします。子どもの文には、必ず私から一人ひとりにほめ言葉のコメントを記入して返します。

例えば、先の「一人が美しい」では、帰りの会に、「『一人が美しい』人になるために」というテーマで「成長ノート」に書かせました。すると、多くの子どもたちが、自らの行動を反

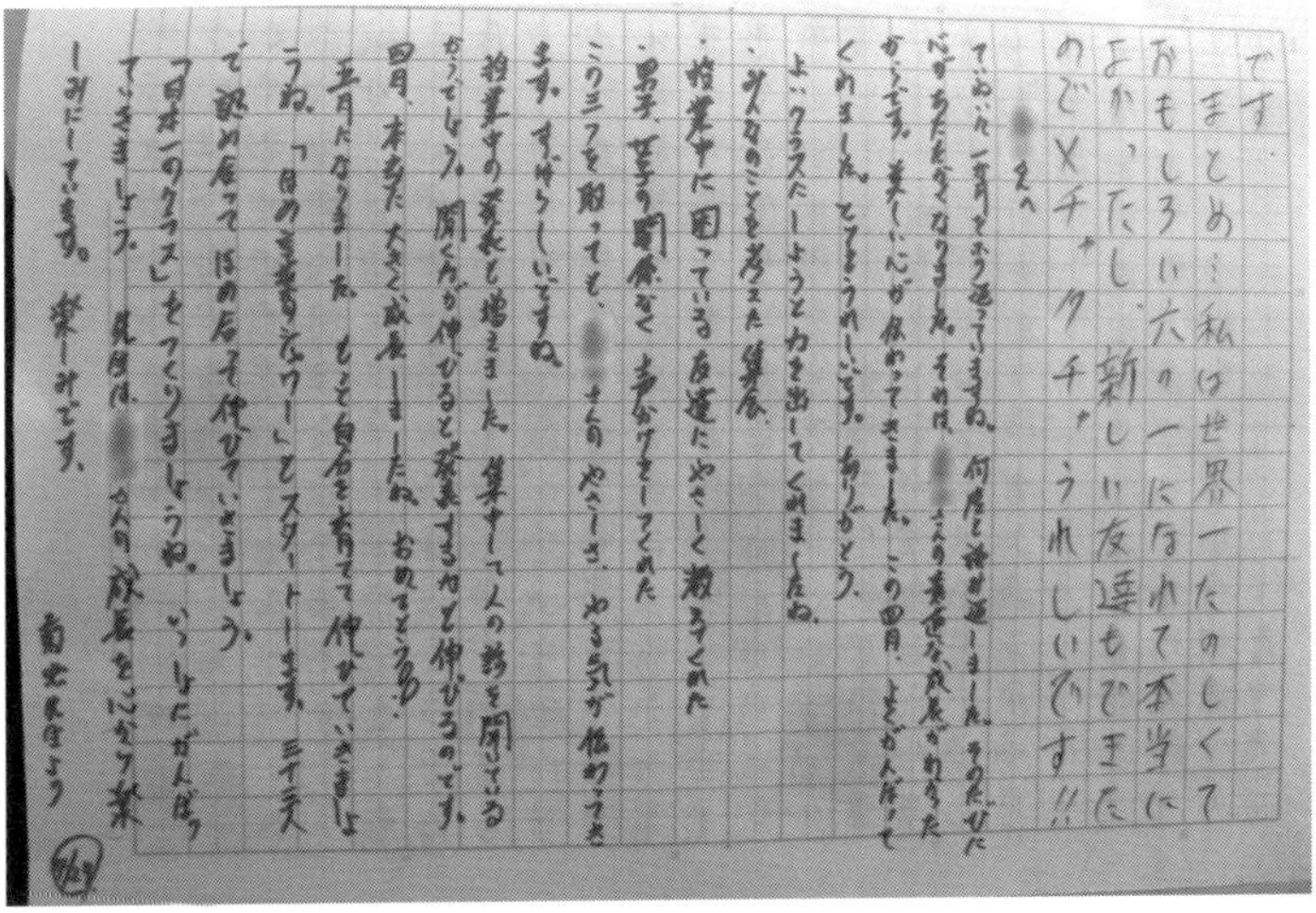

「成長ノート」には、菊池教諭から一人ひとりていねいにコメントを返す。ときには、１ページまるごとコメントで埋まることも。「成長ノート」は、あたかも学習交換日記のよう。

省するとともに、〈みんなにつられるのではなく、たとえ一人になっても正しいことをできる人は、本当に美しいと思います。私も次からは、『一人が美しい』が似合う人になります。当間さんのようになります〉と書いていました。

このように、まずは教師がほめることを通して、個々の子どもたちとつながっていくことが大切です。ほめられることで安心感を得た子は、教室にほっとする自分の居場所を見つけることができます。できない子に、できないからとだめ出ししても仕方がありません。それより、その子のよいところを見つけてほめ、プラスの言葉と行動を教室に位置づけていくほうがずっと有意義です。さまざまな場面で子どもをほめて、価値ある言葉を示し、一人ひとりの中へ入れていくことを繰り返す中で、教室によい循環が生まれてくるのです。

「正しい叱られ方」の指導を

ほめられる心地よさを感じ始めた子どもたちは、素直に教師の言葉に耳を傾けるようになります。この段階で、私は子どもたちに「叱る」ことを意識させていきます。

授業開始のチャイムが鳴っても席に着かず、友達としゃべっている子が大勢いたときのことです。「チャイムが鳴りました。座りましょう」と、普通に声をかけても聞き取れないほど、ざわざわしていました。私は、「チャイムが鳴っているのだから、さっさと座りなさい！」「授業が始まったら、意味もなくうろうろするものではない！」と一喝して席に着かせ、叱った理由を尋ねました。子どもたちから、「よくないことをしたから」「チャイムが鳴っても席に着いていなかったから」などの答えが返ってきた後、「叱る」と「怒る」の違いを尋ねました。「この区別もつかないから、先生方は叱っているのに、君たちは『怒られた』と言うのでしょう。そんなことだから成長しないのです。君たちは、正しい叱られ方という学習をしたことがありますか」

もちろん、誰も学んでいません。

「もし勉強していたら、今のようなことはないはずですからね。じゃあ始めよう」と「正しい叱られ方」の学習を開始しました。

「正しい叱られ方」の授業は、子どもたちに強いインパクトを与えた。授業後、５つのステップを「成長ノート」の表紙に書き込む子も大勢いる。

まず、「叱る」と「怒る」を辞書で調べさせます。「みんなはほめられたらうれしいでしょう。もっと正しいことをやろうという気持ちになるでしょう。同じように、自分にとってプラスになるのは『叱られる』『怒られる』のどちらですか」と尋ねると、子どもたちは「叱られる」と答えます。「そうですね。叱られると、正しい考え方や行動を学ぶことができます。どちらも自分の成長に役立つのですね」と説明します。

次に「正しい叱られ方」の5つのステップを示します。

5つのステップを一つずつ、辞書で意味を調べさせながら、板書していきます。

①受容……叱られることは、自分の行った間違いを指摘されていることであると受け入れること。
②反省……「悪いことをしてしまった。よくない行為だった」と素直に認めること。
③謝罪……自分の非を認めて、反省したことを言葉にして表すこと。
④改善……同じ過ちを行わないように、次からどうすべきかを決め、実行すること。

⑤感謝……自分の成長のために叱ってもらえて、ありがたいと思うこと。

最後に、「先生方もおうちの方も、あなたたちの成長のために叱っているのです」と締めくくり、感想を書かせます。子どもたちは、正しい叱られ方があることや、最後は感謝で終わることなどに大きな衝撃を受けたようで、真剣に感想を書いていました。

「叱られ方に正しいものがあるとは思わなかったです。自分の成長のために叱ってもらっていたのに、ぼくは怒られたとずっと思っていました。これからは、なぜ叱られたのかを反省して、感謝できるような自分になりたいです」「5つのステップができるようになると、自分たちは成長できると思います。忘れないようにしたいです。でも、叱られないようにして、ほめられることをたくさんして成長したいです」など、プラスに受け止める感想があふれていました。

ほめることと叱ることは、表裏一体です。叱られることも、成長の糧にできるような子どもを育てていきたいと思います。

教室は、子どもと担任がともに学び合う場

何年か前のことになりますが、子どもたちに「教室とは、どんなところだと思いますか」と

尋ねたことがあります。

多くの子どもたちが、「大人になる準備をする場」「みんなと仲よくする場」「人の道を教えられる場」「勉強する場」「友達と教えたり助け合うところ」というようなことを書いていました。その中に一人だけ、「親と担任の先生以外の人に、成長した姿を見せるところ」と答えた子がいました。どういうことなのか詳しく説明をしてもらうと、「わたしたちが担任の先生と一緒になって成長する場で、その成長した姿を、親や担任の先生以外の人たちに伝えたり見せたりする場所ということです」と話してくれました。

それまで、私は教室を「担任が、子どもたちを一人ひとり鍛え育てる場」「担任が、子どもたち全員を仲よくなるように指導する場」と、子どもたちの一段上に立ち、〝担任が学級の子どもを育てる場〟であるととらえていました。私はこの意見に、「子どもたちは、担任の私も一緒になって成長しようというとらえ方をしている」「子どもたちは、担任である私をクラスの同じ仲間だと思ってくれている」とショックを覚えました。

私たち教師は、とかく一段上から子どもをとらえがちです。そこには、無意識にせよ教室の〝外〟から子どもを見ている姿勢が生まれます（次ページ図1参照）。こうした姿勢は、学級に問題が生じたときも自らを省みることなく、「私の指導法はまちがっていない。子どもに問題があるのだ」と、職員室での子どもの悪口大会へとつながっていきます。教室から外れた担任の意識は、職員室で教師同士の〝群れ〟となるのです。
教室は、子どもだけでなく担任も学ぶ場であり、お互いに学び合って成長していく場であるということを常に心がけたいものです。

図1

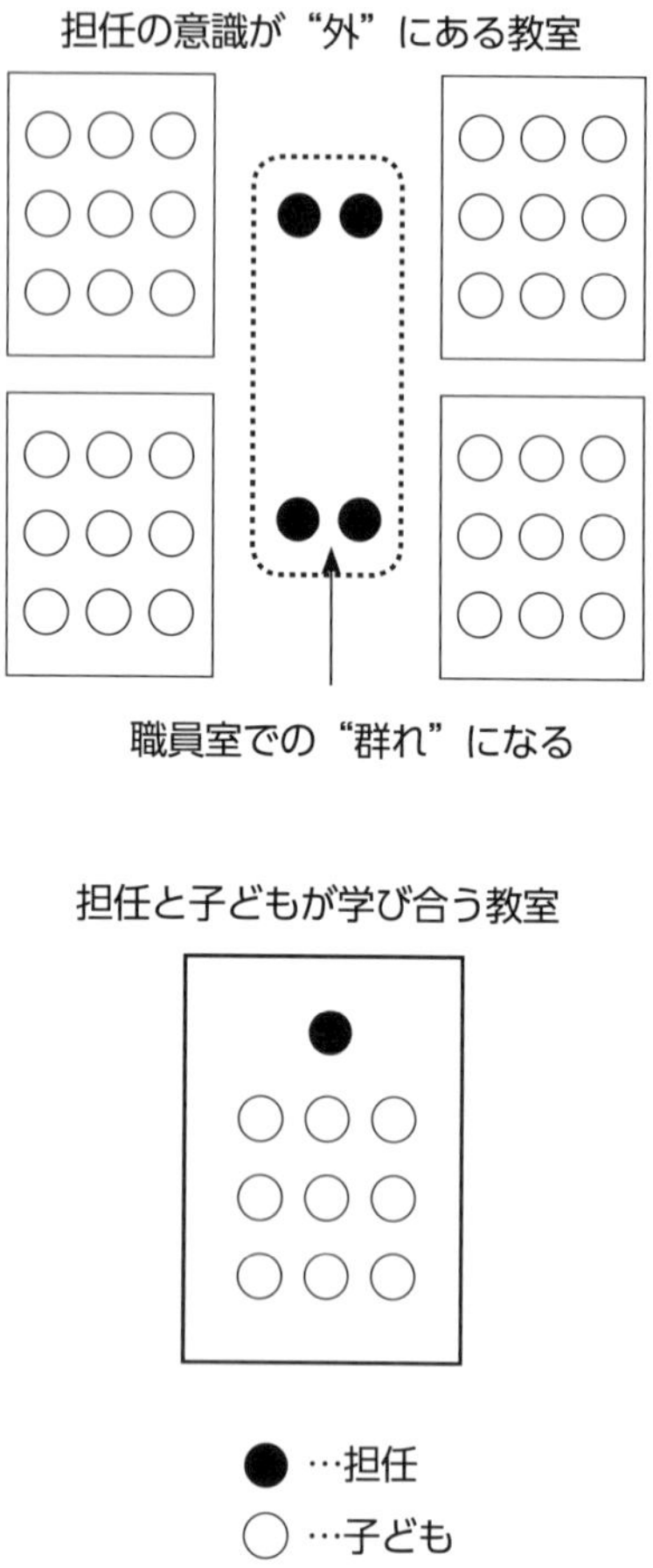

キーワード
叱られることも成長の糧にできるような子どもを育てたいものです。

コミュニケーションの授業で、子ども同士をつなげていく

自分たちの思いが込められた、4つの「言葉」

4月に出会った子どもたちは、不安な目をしています。自分に自信がもてず、教室が安心できる場ではないからです。そんな子どもたちに必要なのは、自己肯定感をもてるようにすることだとこれまでも述べてきました。教師と子どもの信頼関係を築くまでは特に意識して、一人ひとりの子どものよいところを見つけてほめるようにしています。

私は年度初めに、子どもたちに「教室にあふれさせたい言葉」「教室からなくしたい言葉」「1年後に言われたい言葉」「1年後に言われたくない言葉」の4項目についてアンケートをとっています。すると、子どもたちからは次のような答えが返ってきます。

●教室にあふれさせたい言葉

「ありがとう」「○○君・○○さん」「おはようございます」「いっしょに～しよう」「がんばってね」「ごめんね」「ドンマイ」「よかったね」「成長しているね」「教えてあげるよ」

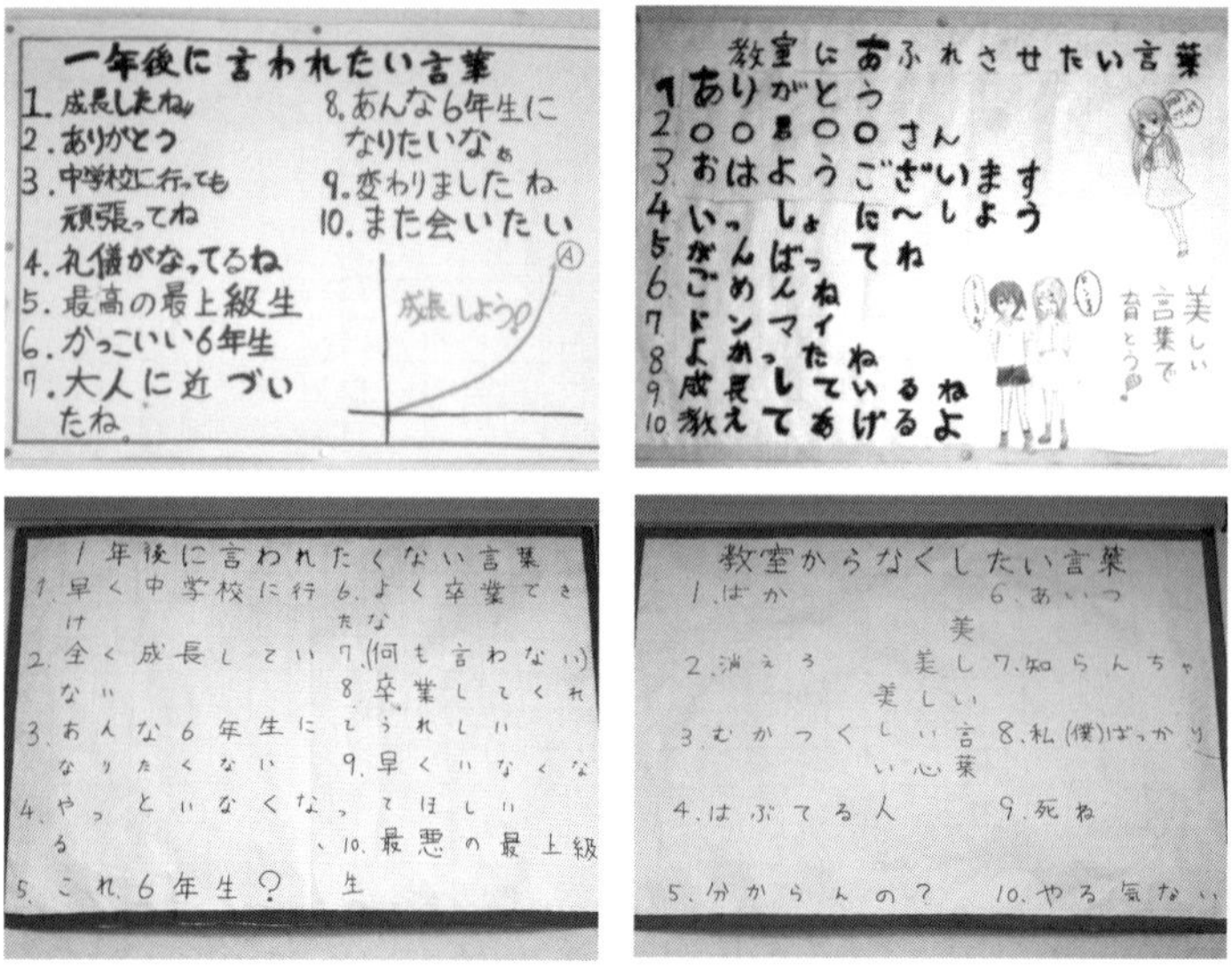

教室に貼り出された、4つの「言葉」のアンケート。子どもたちの「今」と、「理想」の姿が視覚化されている。

●教室からなくしたい言葉

「ばか」「消えろ」「むかつく」「はぶてる（ひねくれる）」「分からんの?」「あいつ」「知らんちゃ」「私（僕）ばっかり」「死ね」「やる気ない」

●1年後に言われたい言葉

「成長したね」「ありがとう」「中学校に行っても頑張ってね」「礼儀がなってるね」「最高の最上級生」「かっこいい6年生」「大人に近づいたね」「あんな6年生になりたいなあ」「変わりましたね」「また会いたい」

●1年後に言われたくない言葉

「早く中学校に行け」「全く成長していない」「あんな6年生になりたくない」「やっといなくなる」「これ6年生?」「よく

卒業できたな」「卒業してくれてうれしい」「早くいなくなってほしい」「最悪の最上級生」

これらの言葉集は模造紙に書いて、教室に1年間貼っておきます。自分たちの思いを込めた言葉を忘れず、日常的に成長を意識してほしいからです。

ほめられる心地よさを、クラス全体に広げていく

子ども同士の関係がうまくいかない学級では、子どもたちのコミュニケーション能力が不十分です。同じ学級にいながら相手のことをろくに知らず、知ろうともしません。あやふやな印象やグループ内の雰囲気で、安易に「嫌い」だと決めつけてしまうのです。お互いの存在を認め合い、クラス全員が安心感をもって伸び合うためには、コミュニケーション力が必要です。

教師と子どもがつながったら、子ども同士の横糸をつなげることが重要になってきます。

年度初めから、私は授業や学級活動の中で、学級の仲間同士がかかわり合うゲームや活動を多く取り入れています。自己紹介も、一方的に話すだけでなく、話す側・聞く側の双方向にコミュニケーションが生まれるように工夫します。例えば、「好きな動物」「お気に入りのテレビ番組」など、あらかじめ子どもたちと一緒に考えた質問項目をもとに、隣の席の子とお互いに質問し合う「対話型・自己紹介ゲーム」や、筆談で会話を楽しむ「鉛筆対談」などに取り組ん

でいます。

　ペアを組んだり、グループで話し合ったり、人とかかわり合う活動を通して、子どもたちは、「○○さんは、こんなことに興味があるんだ」「△△君の趣味はわたしと似ているなあ」と相手をもっと知ろうとするようになります。

　他者理解の基本は、相手のよいところを知ること。まずは、ほめることを通して、価値ある行為をクラス全体に広げていくことが大切です。

　子どもの具体的な行為を価値づけてほめることで、ほめられた子はもちろん、周りの子どもたちも、「価値ある行為」に気づくようになります。例えば、子どもが挙手しているとき、「○○さんはいつも天井に突き刺さるようにまっすぐ手を挙げています。授業への意欲が感じられますね！」とほめることで、周りの子も「次は、わたしも○○さんのようにまっすぐ手を挙げよう」と自分に重ねられるようになります。

　ほめられることで自分に自信をもち、心に余裕が出てくると、子どもたちは少しずつ周りが見えるようになってきます。「おまえ」「うざい」など短い単語や粗暴な言葉づかいから、ていねいな言葉づかいを選ぶようになってきます。プラスの言葉を浴びる心地よさを体感した子どもたちは、自分もプラスの言葉を使おうとするようになります。子どもたちの中に、よいところを見つけ合う気持ちが芽生えてくるのです。

「ほめ言葉のシャワー」で、お互いに認め合う心地よさを

中でも、子ども同士のつながりをより確かなものにするのが、「ほめ言葉のシャワー」です。「ほめ言葉のシャワー」は、一人ひとりのよいところを見つけて、クラス全員がほめ合う活動です。一人１枚日めくりカレンダーを作り、その日にちを描いた子が帰りの会で教壇に上がり、クラス全員からほめ言葉の〝シャワー〟を浴びるのです。１年間で４～６巡できます。

「ほめ言葉のシャワー」は、原則として「事実・一文＋気持ち・一文」で、次々と自由に起立し発表します。最初の１巡めはまだ慣れていないので、書いたものを読んだり、列ごとに順番に立ってスピーチしてもよいことにします。全員が「ほめ言葉のシャワー」を言い終わったら、シャワーを浴びた子が、お礼や感想のスピーチを述べます。

最初の頃は、次のような内容が多く見られます。

・「○○さんは、いつも掃除をまじめにしています。すごいなあと思います」
・「△△君は、外で元気よく遊んでいました。とてもいいと思います」

シャワーを浴びる子のその子らしさが出ていない、「ありきたり」の内容が続きます。

しかし、先を急いではいけません。観察力がまだ育っていないので、どのような行為に価値があるのかわかっていないのです。「価値語」の量が少なく、どのような言葉で価値づけて、

ほめればよいのかまだわかっていないのです。

毎日続けているうちに、やがて、
・「〇〇さんは、わたしが『おはよう』と言うと、ニッコリ笑って『おはよう』とあいさつをしてくれました」
・「△△君は、一人で教室の中をきれいにしていました。威風堂々としていて格好よかったです」
といった内容が出てきます。

こうしたタイミングをとらえて、「会話文を入れて具体的なほめ言葉にしよう」「四字熟語を効果的に使ってほめよう」などとアドバイスをしていきます。

アドバイスをすぐに取り入れた子の発表を聞くと、必ず真似をする子どもが出てきます。少しずつその輪が広がっていき、中身の濃いほめ言葉が教室の中にあふれるようになってきます。

質問ゲームで「その子らしさ」を引き出す

「ほめ言葉のシャワー」と並行して行う質問ゲーム「ミニライフヒストリー」も、子ども同士のつながりをより確かなものにしています。

「ミニライフヒストリー」は、「ほめ言葉のシャワー」を浴びるその日の主人公に対し、朝の

「ほめ言葉のシャワー」を通して、子どもたちはお互いのよいところに気づいていく。学級が温かい雰囲気に包まれる。

学習ゲームや話し合い活動を通して、仲間とかかわる楽しさを知ると、お互いをもっと知りたくなる。

時間を使って、学級の子どもたち全員が質問を続けていくという活動です。

最初の質問項目に関連した質問を次の子がし、それを全員が続けていくことで、主人公の「その子らしさ」が浮かび上がってくるコミュニケーション活動です。

最初は、教師からテーマを与えます。次のように、全員が知っているか、あるいは体験しているので答えやすく、聞きやすい質問にします。だれでも参加できる楽しいテーマにするのがポイントです。

○カレーライスは好きですか。
○ラーメンは好きですか。
○アニメは好きですか。

最初の頃は、質問の仕方や答え方の指導もその都度行っていきます。全員が質問し終わったら、主人公は感想を話します。

楽しみながら、お互いの理解が確実に進みます。

子どもたちの関係は、「群れ」から「集団」へ

自分の意見や主張を言葉で相手に伝えることができ、相手の意見や主張を聴くことができるようになると、教室に安心感が生まれてきます。コミュニケーション力は、子どもたちに自信と安心感をもたらし、成長へとつながる力です。

それまでなれ合っていた仲間との関係性にも変化が表れてきます。相手と連れ立って動く「群れ」から、個人の意思で行動し、必要なときにまとまることができる「集団」へと成長するのです。友達との関係も落ち着いたものになります。ていねいに言葉で伝え合うようになるからです。すると、仲間意識が育ち、明るい笑顔あふれる学級集団に変わります。言葉によって、自分と友達との関係が価値あるものへと変化してきたことを感じ始めると、言葉を大事にしようという雰囲気が教室の中に生まれてきます。「言葉でお互いがつながり合う」ことを、子どもたちは実感するのです。

キーワード

コミュニケーション力が、子どもたちに自信と安心感をもたらします。

話し合いの体験を通して、自分で「意見を創る」楽しさを実感させる

話し合いの土台は学級の人間関係

話し合いの指導というと、進行や発表の仕方、活発な意見が出るための工夫など、技術的な面に目を向ける教師が多いのではないでしょうか。

私は、学級活動や授業のさまざまな場面で話し合いを取り入れています。これまでの経験の中から、話し合いが成立するためには、次の３つの条件が必要であると考えています。

①学級の人間関係
②話し合いの技術
③話し合いのねらいや目的

この３つは、いわば串団子のように１セットです。教師が①と③を考えながら、子どもたち

に②を指導していかなければ、話し合いは単なる「意見を言う場」で終わってしまいます。

中でも重要なのが、①の人間関係づくりです。

四年生でクラスの荒れを経験してきた子どもたちは、進級した4月は不安と不信感でいっぱいでした。仲間同士でつるみ、男女が気軽に話すこともなく、人とのかかわりを拒むように机に突っ伏して過ごすなど、どの子も固い殻を被っていました。そこで私は、まず一人ひとりが安心できる学級づくりに力を入れました。

やがて、お互いに学ぶ楽しさを実感するようになった子どもたちは、徐々に自分の意見や気持ちを素直に出すことができるようになっていきました。

話し合いの学習では、意見を戦わせ、ぶつかり合う場面が多くなります。教室が安心できる場にならなければ、活発な論争はできません。

11月、私は子どもたちに尋ねました。

「なぜ、5年1組は話し合いができるようになってきたのか」、自分の考えをまとめて黒板に書かせると、子どもたちからは次のような意見が出されました。

・「人の目を見られるようになってきたから」
・「人に流されなくなったから」
・「ていねいに話せるようになったから」

・「みんなが全力で考えるようになったから」
・「他の人がフォローしてくれるから」
「５Ｗ１Ｈができたから」「資料を集められるようになったから」など、技術的な意見は少数派です。中でも目を引いたのが、次の意見です。
・「本当の自分に気づいたから」
・「相手の気持ちが想像できるようになったから」
相手の成長を認め、自分のよいところに気づいたことが、話し合いを成立させたと考えたのです。子どもたちの意見を読みながら、有意義な話し合いのためには対話のトレーニングだけでなく、土台になる人間関係づくりが必要なのだと改めて思いました。

そもそも、何のために話し合いをするのでしょうか。

話し合いとは、自分の考えを述べ、相手の意見に耳を傾けることで、さまざまな価値観があることを知ること、さまざまな価値観をすり合わせることによって、新しい価値観を見い出すことだと思います。

当然、教師もそこを評価しなければなりません。誰が一番多く発言したか、スムーズに進行役を務めていたかなど、技術的な面ばかりに目を向けては、話し合いの本質から外れてしまうことを十分心得ておくべきでしょう。

教師の役割は、子どもたちの意見を〝つなぐ〟こと

もちろん、一学期はまだ学級の人間関係が成立していませんから、高度な話し合いを望むのは難しいでしょう。この時期は、話し合いの技術を教えるよりも、1時間の流れを体験させることに重点を置くことが大切です。

教師が、本時の話し合いのテーマを示し、「賛成」か「反対」か、そしてその理由をノートに書かせます。5分間で3つ〜5つくらい箇条書きで書かせるとよいでしょう。次に、「賛成」「反対」のグループに分かれ、同じ立場をとる者同士で意見を交換します。お互いに情報を交換する中で、子どもたちは同じ立場でもさまざまな見方があることを知ります。個人では3つ〜5つだった理由が8つ、10と増えていきます。

情報交換をしたら、賛成派、反対派に分かれ、それぞれの立場の意見を発表。続いて同じ立場のグループ同士で、相手に反論するための相談をします。

一人ひとりにいきなり意見を求める話し合いは、子どもたちにはまだハードルが高すぎます。自分の意見を示し、同じ意見の者同士で自分の意見を明確化します。さらに一緒に反論を考えることで、たとえ発表しなくても、一人ひとりが話し合いの場に参加することになります。

このときの教師の大切な役割は、子どもたちの意見をつなぐことです。子どもたちの意見は

未熟です。言いたいこと・説明したいことの２割程度しか言葉にすることができません。教師は残りの８割を補うつもりで、「〇〇さんは教科書に書いてある△△の記述から、賛成だと考えたのですね。全体をもう一度読み直して考えたところがいいですね」などとつなげていきましょう。

単に内容を補うのではなく、「全体を読み直して考えた」と、その子の意見を価値づけることが必要です。〝正解〟でないからと切り捨てず、教師は一つひとつの意見を全て拾う意気込みで、子どもたちの発表を聞きましょう。

一方、質問・反論した側も、よく理解していないのに、答えを聞くなり「わかりました」と納得しがちです。教師が意見をつなぐことで、話し合いがかみ合い、活発になってきます。

子どもの気づきや学びの質に視点を向けて

ともすれば、教師は「何回発表したか」「正解に近い発言をしたか」などにとらわれがちです。これでは、評価の観点が単線化してしまいます。子どもたちも、正解に近い意見しか発表しなくなり、話し合いが停滞してきます。

たとえ正解に遠い意見だったとしても、それをきっかけにみんなの話し合いが活発になったのなら、その意見はすばらしい役目を果たしたといえます。教師が、子どもの気づきや学びの質に視点を置くことで、子どもたちに「何を言ってもいいのだ」という安心感が生まれるのです。「話し合い」は、ときには答えのないテーマで行うこともあります。こうしたテーマで導き出されるのは、みんなで答えを考え合い、お互いが理解し合う「納得解」です。

話し合いの最初の頃は意見を求めると、子どもたちの多くは必死で答えを探そうと教科書や辞書をめくります。しかし、意見は自分で創るものです。答えはどこにも書いてありません。教科書や辞書は自分の意見を創るための手段にすぎないのです。一生懸命考えたその子らしさがあふれた意見は、話し合いの授業だけでなく、学級づくりの大切な土台になります。そのことを常に意識したいものです。

キーワード

意見は答えを探すものではなく、自分で創るものです。

自分で「意見をつくる」楽しさを実感させる話し合いの授業例①

横書きの板書で意見を「見える化」する

～四年生・教材「よりよい学級会をしよう」（光村図書）

学級会で話し合う前に、まず先生方に確認しておきたいことがあります。学級には議題箱・投書箱が設置してありますか？　学級会での話し合いの目的は、「自分たちの問題を話し合って解決したり修正したりしていくこと」です。民主的な考え方やあり方を学ぶ土台になるものです。そのスタートになる学級の声を集めることは絶対に欠かせません。

それでは、本題に入りましょう。

学級会の話し合いにおいて、教師はまず「話し合いは、新しい意見やアイディアを出す場」であることを示します。「全員が発表しましょう」「たくさん発表しましょう」と目標を掲げる教師も少なくないようですが、ちょっと考えてみてください。１学級が35人の場合、一人１分間発言したとすると、それだけで35分間費やすことになり、現実的に無理だということがすぐにわかります。発表の数よりも、「新しい意見やアイディアを出す」という〝質〟に注目させることが必要です。

次に、学級会は「結論を決める場」であることを確認します。学級で起こった問題は、立場によって大きく意見が分かれます。話し合いによって、①全員が理解でき、②折り合いをつけながらお互いが納得することが必要になります。そのためには単に意見を出し合うだけではなく、必ず結論を出すことが必要なのです。

ただし、この結論は絶対ではありません。何か不都合が起こったとき、無理があったときは、再び話し合って修正していくことを付け加えましょう。

話し合いのベースは「思いやり」

さらに、話し合いに参加する者が常に心がけておくべきこととして、次のようなことにも触れておきましょう。

- 敬語を使う。
- 相手に伝わるように話す。
- 相手の目を見て話す・聴く。
- わかりやすく説明するために、「例えば…」など、引用する。

- 意見がテーマとずれないようにする。
- 自分の気持ちを正直に話す。
- 人と意見を区別する（意見に対して反論しても、発表者の人格は否定しない）。
- 一人ひとりの意見をしっかりと聴く。
- 相手の立場を想像しながら話す。
- 指名されてから話す。
- 「だから賛成です」のように、結論をはっきりと言う。
- 決まったことに対しては、きちんと従う。

一見、これらは技術的ですが、実は相手の立場を考えるという「思いやり」がベースになっています。こうした「思いやり」がない話し合いは、ともすれば傷つけ合う場になってしまいます。

横書きの板書で「見える化」する

さて、せっかく活発に意見が出されても、形に残っていなければ、子どもたちはすぐに忘れてしまいます。そこで重要なのが、記録係の仕事です。みんなの意見をしっかりと板書し、「見える化」することが大切です。

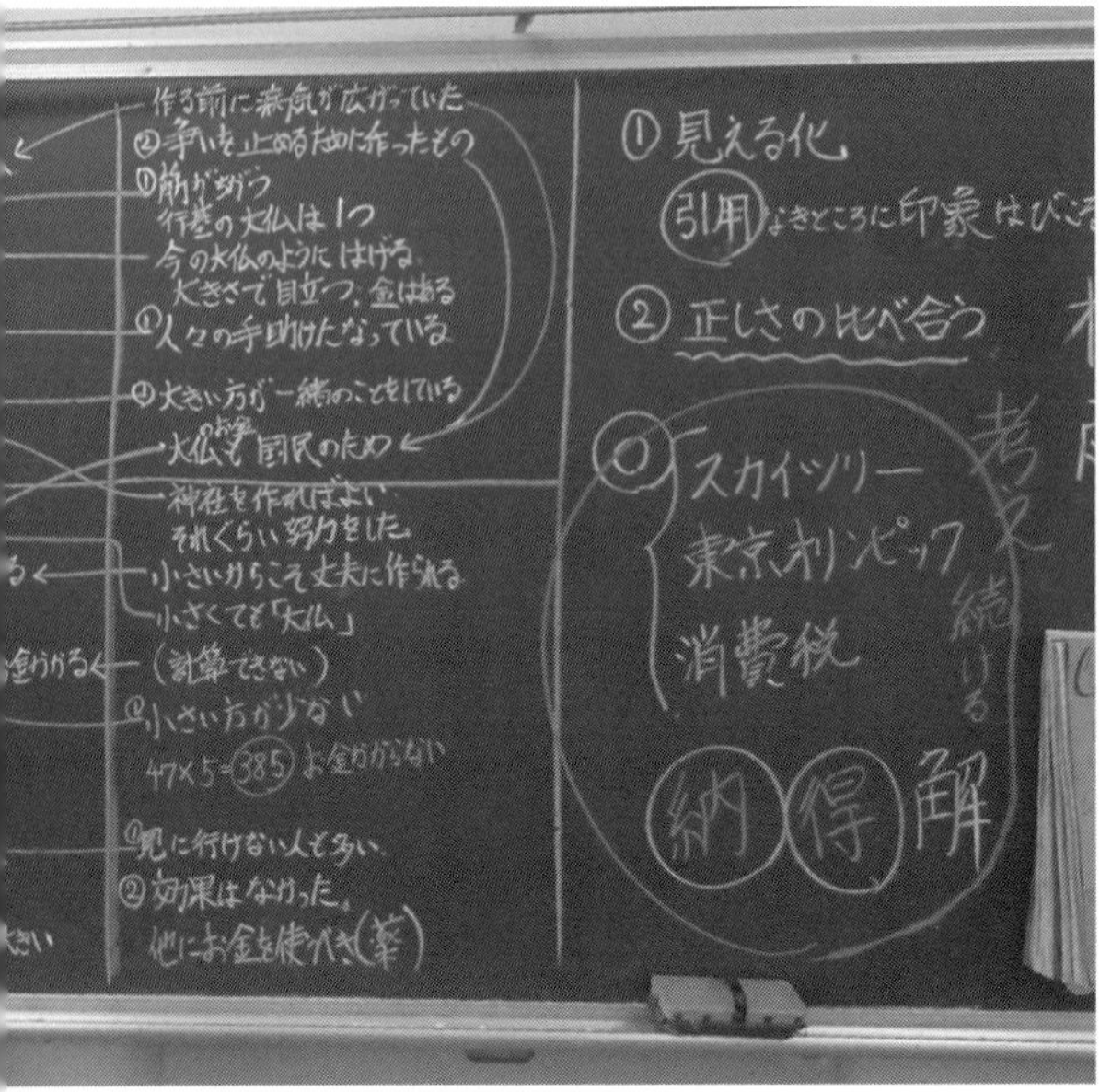

教科書には縦書きの板書例が挙げられていますが、私は横書きにしています。上の写真を参照していただきたいのですが、横書きにしたほうが子どもたちは理解しやすいと考えています。「賛成」「反対」それぞれの立場の意見、それに伴う反論、反論への反論などが流れに沿ってひと目でわかるからです。

横書きの板書は、他の「話し合い」の授業でも活用することができます。一度試してみてはいかがでしょうか。

キーワード

話し合いは、新しい意見やアイディアを出す場です。

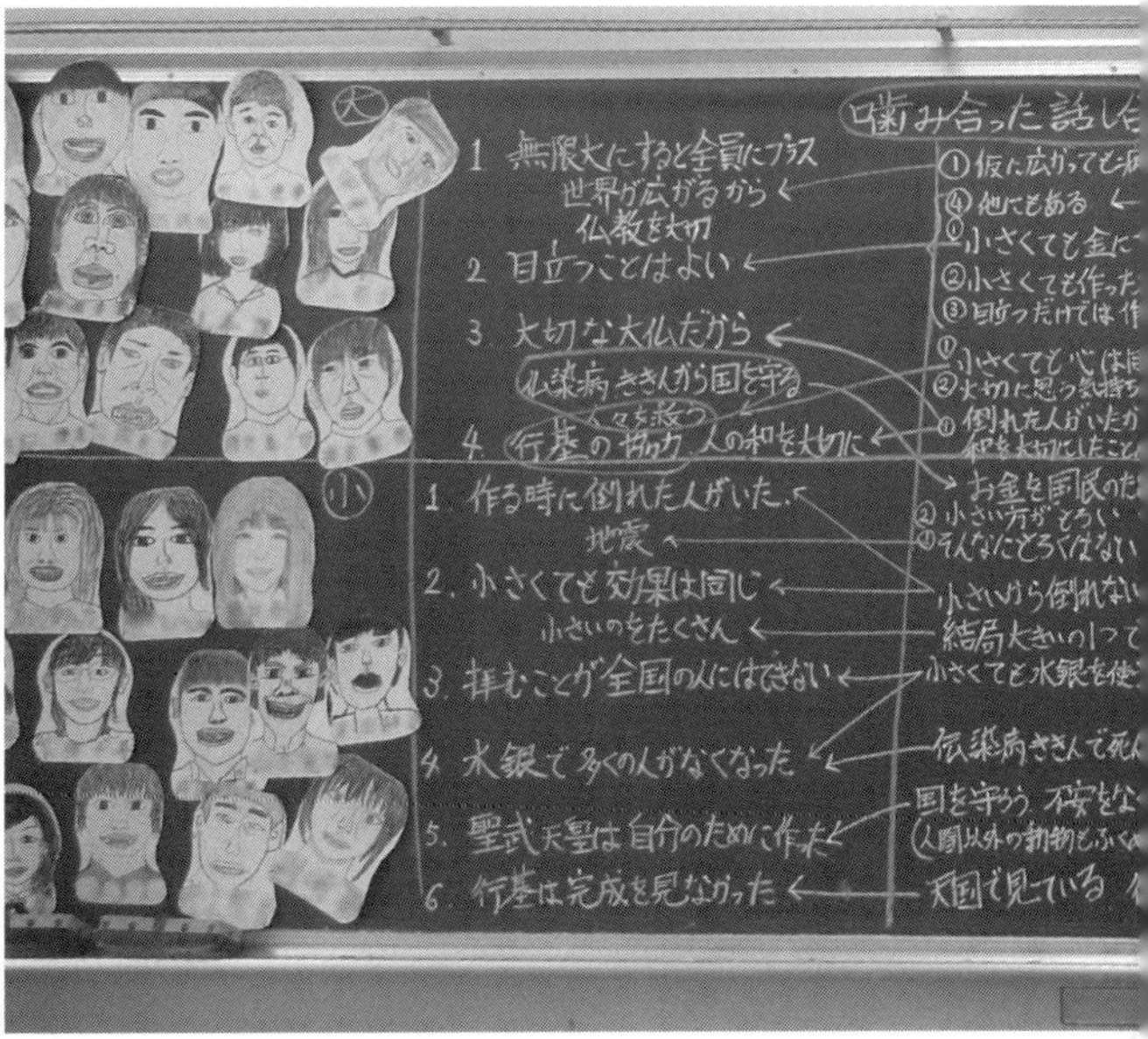

横書きの板書のほうが、意見が整理されて見やすい。こうした「見える化」も、話し合いの授業には不可欠だ。

裏にマグネットが付けられている自画像。この自画像を黒板に貼って、自分の意見に責任をもつ。これも立派な発表の一つだ。

自分で「意見をつくる」楽しさを実感させる話し合いの授業例②

「なりきりインタビュー」で読みを深め合う

～四年生・教材「一つの花」（光村図書）

登場人物の心の機微を描く読み物教材は、子どもたちが話し合いながら理解をより深めていくことができます。しかし、学級の人間関係がまだ未熟である段階では、授業で話し合い活動を取り入れても、「自分の意見を言わない」「相手の話をきちんと聴くことができない」子どもたちが少なくありません。読み物教材で、「主人公はどのような気持ちだったのか話し合いましょう」といきなり指示を出しても、進んで意見を述べる子どもは少数派です。

こんなときに効果的なのが、「なりきりインタビュー」です。この活動は、物語の登場人物になりきってインタビューを楽しむものです。自分の意見を積極的に述べることができない子でも、別の人格を演じることで、話しやすくなるのです。「なりきりインタビュー」は、場面の最後でも、単元の最後でも取り上げることができますが、やはり全体をつかんだ単元最後のまとめとして取り上げたほうが効果的です。

ここでは一例として、「一つの花」を題材に8時間の指導計画を立てました。

第１～２時　物語がスラスラと読めるようにする。
第３～５時　全体で話し合う。
第６時　「一つの花」以外のタイトルを自分で考える。
第７時　「なりきりインタビュー」で学びを深める。
第８時　平和に関するテーマの本を紹介する。

第３～５時の話し合いについては、次のようなテーマで進めてもよいでしょう。

わかりやすく説明するために、自分の意見をホワイトボードにまとめて発表する子も。

■「汽車に乗って行ったときのお父さんの〝心の色〟は何色か」

まず、一人ひとりが考え、自分の名前と色を黒板に書き込みます。教師が大まかに明るい色派と暗い色派に分け、緩やかな対立構造をつくります。学級会での話し合いと同様に、同じグループ同士が集まり、お互いの意見を交換し、それぞれの立場から数人が発表します。次に、出された意見についての質問・反論を行います。

お父さんの気持ちや時代背景などについて、教材文をしっかりと読み込んだら、第6時の「タイトルづくり」に進みます。この時間は、主題をつかむことが目的です。一人ひとりがタイトルを考え、お互いに発表し合っていきます。

話し合いを通して自分との共通点や違いを知る

読みを深めていったところで、いよいよ、「なりきりインタビュー」です。まずは、教師がやり方を説明します。表情やしゃべり方、身振り手振りなど、あたかも登場人物になりきったモデルを示すとよいでしょう。そして、次のように進めていきます。

①4人一組になる。
②一人ひとりが演じる登場人物を決める。登場人物は、一人ひとり別々でも重複してもかまわない。
③「よろしくお願いします」とみんなで拍手をして始める。
④質問を受ける子どもは、その登場人物になったつもりで3分間、他の3人のインタビューに答える。
⑤3分経ったら、「ありがとうございました」と言って、拍手をする。

⑥次の子に交替して、再び③から始める。

教師は、子どもたちが話し合っているところを回りながら様子を観察します。そこでキラッと光る質問が出てきたら、他の子どもたちにも紹介し、学級全体で共有し合うことが大切です。例えば、「お父さんは、『ごみすて場のような』ところでコスモスの花を見つけていますよね。どうしてそんな汚いところから取ってきたのですか」というインタビューを聞いたら、教科書の文章を引用した質の高い質問であることを大いにほめるのです。教師は、子どもたちの話し合いをつなぐ役割であることを忘れないようにしましょう。

「なりきりインタビュー」では、すっかり登場人物になりきって質問を受ける子も。発表後はどの班でも大きな拍手が響く。

ときどき、「ゆみ子さんはラーメンとカレー、どちらが好きですか」など、全く物語と関係ない質問をしてしまう子どもがいます。質問の内容は、物語の内容に即しているべきであることを示すなど、本来のインタビューの意味から外れないように気を配りましょう。

インタビューが活発になってくると、役に没頭しすぎて興奮気味に答える子どもがいます。これは何より登場人物になりきっている証拠。登場人物の気持ちがわかったからこそ、力説したのだとほめてあげることが大切です。

ひと回りしたら、気づいたことをノートに書く、感想を発表するなどのふり返りを行います。ふり返りを行わないと、単に「楽しかった」だけで終わってしまいかねません。

登場人物になりきるためには、登場人物の思いや背景などをしっかりと読み込み、性格や心の奥まで推しはかる必要があります。また、質問する側も物語に書いてあることだけでなく、いろいろな場面を想像する必要があります。他の友達の読み取りにふれて、自分との共通点や違いを知り、読みが一層深まっていきます。

話し合う力は、体験を通してのみ培われる力です。速成できるものではありません。自分の意見を素直に言えること、人の意見を知ること、ときには人と意見を戦わせること――こうした話し合いの力は、学級づくりと並行して伸びていくのです。教師は、長いスパンで指導していく姿勢が大切です。

キーワード

話し合う力は、体験を通してのみ培われる力です。

理想の子ども像と現実とのずれにいらだつよりも、成長した面を見よう

トラブルをすぐに「いじめ」と決めつけない

新年度から3か月あまりが経ち、夏休みが目前に迫ってくると、子どもたちの間ではさまざまなトラブルが起こってきます。友達関係が変化することで、小競り合いやグループ内での仲間外しなど、いじめの芽が出てくるのです。しかし、その多くは、ちょっとした行き違いや感覚のずれが原因で、きちんとした指導を行えば、いじめに発展することなく収まる程度のトラブルです。昨今、いじめの問題が大きく取り上げられたことで、教師も子どももいじめに過敏になっているのではないでしょうか。

例えば、真木ゆりかさんが花井亜希さんを仲間外しにしたケースで考えてみましょう。

他の子と仲良くなった花井さんがおもしろくない真木さんは、

夏休み前は、集団の土台をじっくり築く時期。

花井さんをグループから外そうとしました。花井さんが真木さんに従う関係が崩れることへの不満とやっかみが原因です。花井さんは何かあるとすぐに母親に相談するタイプで、わが子の話を鵜呑みにした母親が「いじめられている」と学校に乗り込んできました。

ここで、「仲間外し」という現象だけをとらえて、真木さんを叱るのでは何の解決にもなりません。まずは真木さんの話をよく聞きます。すると、本当は花井さんと仲良くしたいのだけれど、どうすればよいのか術を知らないという背景が見えてきます。この時期は、集団がまだうまく流れていないため、こういうトラブルはよく起こるのです。真木さんと話しながら、「何が悪かったのか」「どの場面で謝ればよかったのか」など、内面をふり返らせることが大切です。

真木さんに「これから自分はどうありたいか」をしっかりと聴きます。そして、花井さんに対しては仲間外しをしたことを謝らせ、本当は仲良くしたかったという真意を伝えさせます。

同時に、花井さんへの指導も大切です。すぐに泣いて、ちょっとしたトラブルを親に言いつける花井さん。自分で解決しようとせず、誰かに助けてもらおうとする姿勢について、「自分の意見をはっきり言えず、すぐメソメソする弱い自分のままでいいのだろうか」と問いかけます。さらに、仲間外しに加わった周りの子にも話を聞きました。こうして、真木さんも花井さんも、二人を取り巻く集団も変わるきっかけになりました。

この時期のこうした問題行動は、ほとんどが「ごめんなさい」で済むような、小さなトラブルです。教師は、現象のみを大きくとらえるのではなく、よく見極めることが大切です。「トラブルが起こった。どうしよう」と慌てるのではなく、人間関係の築き方を学習させる絶好の機会だと、プラスの方向にとらえる姿勢が大切です。

個々の子どもの尺度で成長を認めよう

この時期は、教師に対して反抗的な態度をとる子も出てきます。反抗することで、自分を格好よく見せたかったり、よい方向へ向かう努力から逃げたりしているのです。

こうした子どもには、毅然とした態度で接することが大切です。ただし、上から抑えつけるような〝ぶつかる指導〟はしないこと。接近しすぎて真正面から衝突すると、子どもとの対立が深まります。反抗する子はクラスで強い力をもっていることが多く、クラスの他の子どもたちも強い子に引きずられてしまいます。１（教師）対　多数（子どもたち）の構図ができてしまうと、指導が難しくなります。教師は、子どもたちから一歩距離を置いて、客観的に「眺める」姿勢が重要です。

担任はまず、他の子どもたちが強い子に引きずられることのないよう、クラスの子どもたちを味方につけ、多数（教師＋クラスの子たち）対１（問題ある子）で臨むようにしましょう。

このとき、担任がその子の悪いところを直接指摘するのではなく、他の子どもたちもうまく巻き込むことが大切です。

例えば、いつまでも教科書を開かない鹿島田裕真君に対して直接叱るのではなく、「授業が始まっても教科書を開かないのは、六年生として望ましい行為でしょうか」などとクラス全員に問います。もちろん誰も望ましいとは答えません。教師が言いたいことを子どもたちに代弁させるのです。クラス全員の意見ならば、鹿島田君も仲間の意見を無視するわけにはいかなくなります。

ただし、鹿島田君が孤立することがないよう、担任はフォローもしっかり行いましょう。鹿島田君自身にも望ましくない行為だったと自覚させたところで、鹿島田君がよくなったところをクラスみんなで出し合うのです。「鹿島田君は最近、『ありがとう』と言ってくれるようになった」「昨年に比べて忘れ物が減った」など、子どもたちはその子の過去と比較して成長したことを見つけます。子どもたちはよき観察者なのです。

最後に、「鹿島田君も頑張ろうと思っているから、早く鹿島田君と一緒に頑張りたい人はいますか」と再びクラス全員に問いかけます。教科書を開かないという行為は悪いけれど、鹿島田君の人格を否定するのではないという担任の姿勢を、鹿島田君にもクラス全員にも理解させることが大切です。

「先生は君のことをちゃんと見ているよ」という姿勢が、子どもからの信頼につながる。

とかく担任は、「夏休み前のこの時期は、ここまでできるようにしなければ」と焦りがちです。でも、その子の尺度で見つめ、「ああ、そうだ。鹿島田君はこんなところが成長したな」と、ゆったりした姿勢で構えてほしいものです。

こうした取り組みは、とてもエネルギーがいります。クラス全員が挙手するまで辛抱強く待たなければならないし、鹿島田君が孤立しないよう、自然にプラスの方向に向けていく指導も必要です。担任が精神的にも肉体的にも元気な状態でいないと、「明日にしようかな」となかなか踏みきれず、つい先送りにしてしまいがちです。それでも、教師としての気概を忘れず、「やるべきときは今」と強い気持ちで臨んでください。

1年間を通した軸で、今の立ち位置を考える

一方、自らの指導に行き詰まることも出てきます。

新年度、担任は「こういう子どもを育てたい」「こんな学級にしたい」と目標を立て、希望に燃えて子どもたちと向き合っているはずです。子どもたちも成長したいと頑張り、教師も子

どももお互いに気が張った時期を過ごしてきました。しかし、1か月、2か月と時が経つにつれ、問題点が見えてきます。

子どもたちは早々に変わるものではないのだから当然のことですが、理想の子ども像と現実とのずれを重く受け止めてしまう担任も少なくありません。

ずれに対するいらだちは、「自分の指導力が至らないせいだ」と自分を責めたり、「子どもたちに原因がある」と、子どもたちをとがめたりする形となって表れてきます。ともすれば、「こんなに子どもたちは成長した」と子どものよい面だけをことさら取り上げたり、「しっかり指導しているのに、子どもたちは全然できない」と悪い面だけを問題視したり、子どもへの見方・接し方が両極端になります。

もちろん、個々の教師の資質も大きく影響するのでしょうが、学校全体で取り組む姿勢が弱くなっていることにも問題があるのではないでしょうか。「こうしていこう!」と、学校全体で目標に向かっていく意識が弱く、個々の学級・学年に任せっぱなしになってしまう。何か問題が起こったときだけ、対症療法的に管理職がかかわる。これでは教職員同士のつながりがもてず、悩みや相談のもって行き場がありません。

教師も、それぞれの抱える課題について話し合うことができる場が必要です。子どもの悪口を言い合うのではなく、どこに問題の元があり、どのように指導すればプラスの方向にいくのかを探ることができる場です。

人間関係が浅いと、気持ちがあっても〝打つ手〟がない、つまり助け合う体制がないという危険な状態に陥ります。何か問題が起こったとき、「学級がうまくいかないと指導力不足だと思われる」と、担任の目は管理職や保護者など外側に向いてしまい、問題行動を抑え込む表面的な指導になってしまいます。

担任は、目の前の子どもの姿に右往左往するのではなく、「1年間を通して、今、この子はこの辺りの位置にいるな」と、長いスパンで見ていくことが大切です。そのためには、1年間を見通したぶれない軸をもつべきです。

一学期の頑張りをみんなで認め合うイベントを

7月と3月の授業記録を比べてみると、子どもたちが伸びやかな表情に変わっていることがわかります。土台になる集団の強さや厚みが、子どもたちの表情に表れるのだと痛感します。

夏休み前の時期は、担任と子ども、子ども同士の人間関係もまだまだ中途半端な状態です。「もう3か月が過ぎてしまった」のではなく、「まだ3か月しか経っていない」という視点で、余裕をもちましょう。

いじめや小さなトラブルなど、子どもたちの変化は生活の乱れとしても表れる。

ついつい子どものマイナス面に目がいってしまいがちですが、プラスの部分に目を向けることが大切です。そこで、私がお勧めするのは、「一学期の成長を祝う会」など、プラス面をみんなで認め合う機会を設けることです。一学期に頑張ったことを、イラストや作文などにまとめて掲示したり、みんなで話し合ったりしながら、子どもたちにプラス面をより意識づけるのです。自分の成長をみんなに認めてもらう儀式的なイベントを行うことで、「二学期はもっと成長したい！」という気持ちをもちながら、子どもたちは夏休みを迎えることになります。

夏休み明け、緊張感が失われた子どもたちにも、「夏休み前にこういうところが成長したとみんなで祝ったね」と思い出させることができます。子どもたちは夏休みのだらけた生活をリセットし、再び成長の道に向かっていこうという気持ちになるはずです。

キーワード

小さなトラブルは、人間関係を学ぶ絶好の機会です。

夏休みには、充実した二学期のために一学期の授業を〝束ねる〟

一学期を束ねなければ、進むべき方向性は見えない

夏休みに入ってほっとしたのもつかの間、何日か過ごすうちに「二学期はどうしようか」と次第に焦ってくる方もいるのではないでしょうか。今の状況を打破しようと、さまざまな研究会に参加しても答えは得られず、ますます不安が募るばかり。話を聞いただけでは、まだ自分の実践になっていません。知識を得た分、むしろ自己嫌悪に陥ってしまうのです。

なぜこのような悪循環に陥るのでしょうか。それは、自分の実践をきちんと束ねていないからです。「何となくうまくいった」「思ったよりうまくいかなかった」と漠然ととらえているだけでは、研究会にやみくもに参加しても糸の切れた風船と同じで、着地点を失います。一学期全体を冷静にふり返り分析しなければ、これから自分が向かうべき方向は明確に見えてこないのです。

次の一歩を踏み出すためにも、一学期を束ねる。そのために一番効果的なのは、書くことで

す。自分の授業を文字化することで、さまざまな成果や課題が見えてきます。たとえ学級経営がうまくいかなかったからといって、一学期すべてが無駄だったわけではないはずです。価値づけと反省をしながら、自分が進む道を照らすことが必要です。

写真に写った事実を通してふり返る

自分の授業を束ねる方法として、次の二つの方法を紹介しましょう。

一つめは、５枚の写真をもとに自己評価を行うものです。

一学期の授業の写真から５枚選び、〝事実〟から気づいたことを書き出します。さらに５点満点で自己評価します。欲張って何十枚も選ぶと、かえって焦点がぼけてしまいます。負担を感じることなくふり返るには、５枚ぐらいがちょうどよいのではないでしょうか。

写真を選ぶ際は、次のような基準が考えられます。

・さまざまな場面から選ぶ。
・自分が力を入れている実践から選ぶ。〈例〉話し合いの授業。
・年間を通して継続している活動を時系列で選ぶ。〈例〉ほめ言葉のシャワー。

・うまくいった、あるいはうまくいかなかった授業を選ぶ。

５枚のうち、１枚は個人、１枚は学級全体が写っているものを選ぶとよいでしょう。基準が思い浮かばないときは、自分で「これだ！」とひらめいた写真でもかまいません。

それでは、写真をもとに具体的にふり返っていきましょう。写真は、さまざまな場面から選んでいます。

写真①　わからない子に教えてあげている

……………【自己評価点：４点】

５月頃の授業風景です。学級全体が成長するためには自分だけが成長するのではなく、わからない子がいたら教えてあげることも大切だと話した後、このような姿が少しずつ見られるようになってきました。この写真を選んだのは、いつもはおとなしい宮本佳奈さんが、石田俊貴君に教えてあげていたからです。どの授業でもつまずきがちな石田君がわかるまで教えるには、根気が必要です。その姿に価値を見い出して、撮影したのです。

5月の時点なら、もちろん自己評価は5点満点です。

しかし、今の時点でふり返ってみると、宮本さんが立ったまま教えているこの姿は、まだ十分でないことがわかります。一学期の終わり頃には、わからない子がいれば、その子の机の前や横にひざまずいて教える子が何人か出てきました。ですから、その分を引いて4点とし、二学期以降の〝教えるときの姿勢〟を課題に挙げました。

写真を見ながら、このとき宮本さんをどのようにほめたか、どのように学級全体に広めていったか、教えてもらった石田君の態度はどうだったかなどを思い出しました。

この写真は、個に関するものですが、学級全体の二学期以降の方向性を考えさせるものとなりました。

写真②

写真②　読書の時間を見直す………【自己評価点：2点】

4月初旬の、読書の時間の1枚です。新年度早々、静かに読んでいる子どもたちの姿を評価して撮影しました。

この1枚を選んだのは、改めて見てみると課題が次々と挙がってきたからです。

読書の時間については、本を読むことで知識を獲得し、内容を理解する力がつくだろう、年間１００冊くらい読むことができればよいだろうという程度の目標でいたため、あまり深く計画せずに読書指導を行っていました。自分が読みたい本を自由に選ぶようにしたため、図鑑や学習マンガ、小説でも挿絵が多い本を選ぶ子どもが大勢いました。計画が甘かったことが写真から読み取れます。

写真③

4月にこの写真を見れば4点をつけていたかもしれませんが、自分の指導の不十分さに気づいた現時点では2点、または1点をつけざるを得ませんでした。

写真③　1巡めのほめ言葉のシャワー…………【自己評価点：3点】

この写真は、ほめ言葉のシャワーをしているときの学級全体の様子です。

注目したのは2列めの川口夏穂さんです。だらしなくうつぶせて聞いている悪い例と考え、3点にしました。

写真は〝事実〟の切り取りです。この写真だけ見れば、話す人の方を向いてきちんと聴く指導をしなければいけないと思うのですが、もう一つの評価が頭に浮かんできました。川口さんは前年度まで落ち着いて席に着くことができず、机の上から筆箱やノートをしばしば落としていました。ガチャンという音がするたび、周りの子たちの集中力も途切れてしまいました。それに比べれば、自分の席に座れ、人の話を聞けるようになったのです。実は、この写真は川口さんの成長が感じられる1枚にもなっていたのです。

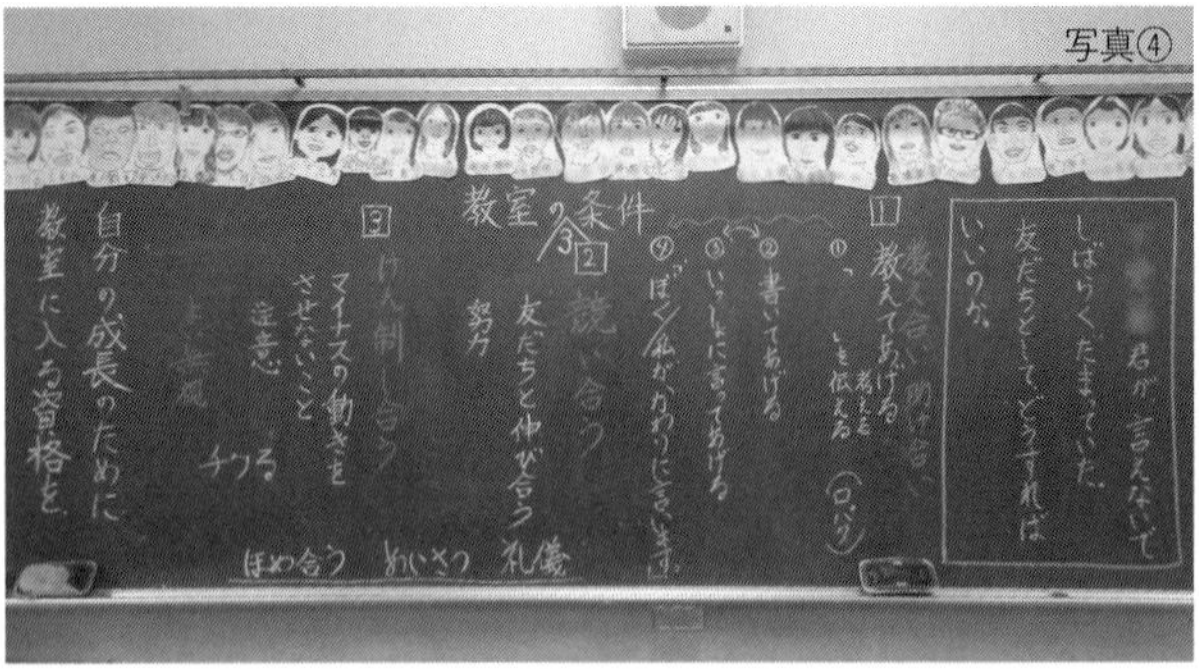

写真④

写真④「教室の3条件」を提示………【自己評価点：5点】

5月頃の写真です。やる気は出てきたものの、どう行動すればよいのかわからない鹿島田君は、発表のときに黙り込んでしまうことがよくあります。そのようなとき、周りは何をすべきかを考えさせたいと思いました。具体的な行動を示そうと、「教室の3条件」（①教え合う・助け合う、②競い合う、③けん制し合う）について話しました。3条件を浸透させ、他の場面でも生かしていきたいと考えたのです。この時期によいタイミングで提示することができたことから、５点にしました。

教師は伝えたことで満足するのではなく、子どもたちが活用できるよう、今後も場面に応じて具体的に示していかなければいけないな、と肝に銘じました。

写真⑤　一学期の目標を見直す………【自己評価点：３点】

４枚の写真をもとに、目標を書いた写真です。自己評価点は、３点です。

子どもたちと一緒に作ったのですが、一学期の目標は教師の思い入れがたくさん詰まっています。そのためか、なんとか目標を達成させようという思いが強く出すぎて、急いでしまったように感じました。

このように、点数で評価をつけながら写真を見ていくと、指導のプラス（成果）とマイナス（課題）が浮き彫りになってきます。

しかし、撮影した時点と見直している今では、評価の視点や基準が違っていたり、見方を変えることで点数が変わったりすることがわかります。つまり、点数はある角度から見た評価であり、仮の点数にすぎないともいえるのです。改めて気づいたマイナス点を、どのようにプラスにしていくか。その手立てについて考えるためにも、多角的に見ていく必要があります。

夏休みにこそ〝深い学び〟を

２つめは、今まで読んだ本の再読です。３月に、学級経営の参考になる本を求める教師は多いと思います。読んだ本をもとに４月から取り組んできた学級づくりも夏休みに入って一段落つきました。ここで再び、同じ本を読み返してみるのです。３月は前年度の学級経営をふり返りながら読んだと思いますが、夏休みの再読は、今、目の前にある学級を想定しているはずです。同じ内容でも、より実例に即して考えることができるでしょう。本と〝対話〟しながら読むことで、本の記述が、知識から実践そのものに変わっていくはずです。

そして、夏休みこそ、学びの〝質〟を変える期間ととらえることが必要です。

学期中の日常の授業研究は、明日の授業について等、短い期間しか視野に入れない、いわば〝浅い勉強〟になります。読む本もハウツーものに偏りがちになります。それらの本を否定するつもりは全くありませんが、まとまった時間がとれる夏休みにこそ、授業研究の理論を学び直す〝深い勉強〟をするべきではないでしょうか。

　私がコミュニケーションの授業を模索し始めた頃、国語教育の第一人者である倉沢栄吉先生の国語教育全集を購入しました。普段はなかなか時間がとれないため、一度ざっと目を通したままにしていたのですが、夏休みに第10巻〈話し言葉による人間形成〉をじっくりと読み込むことにしました。眠っている自分の実践を揺り起こすような感覚といえばよいでしょうか。日頃の授業を思い浮かべながら読み込むことで、理論と自分の実践がつながっていくことが実感できました。

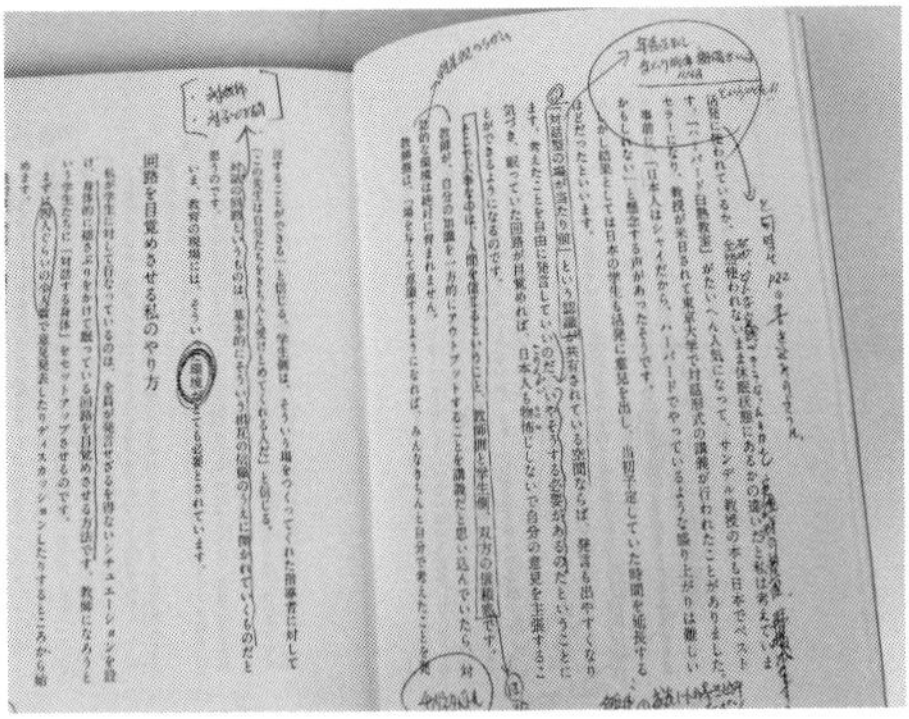
最初に読んだときと再読の書き込みは、色分けして区別できるようにすると、新たな気づきが見えてくることも。

　夏休みは情報を集める絶好のチャンスとばかりに、多くの研究会にやみくもに参加するマニアのような方がいます。しかしそれは、参加したことで自己満足し、ハウツーを求めているにすぎません。研究会の前に、まず自らの一学期を束ね、何が必要なのかを明確にしてから参加するべきです。

　ジャーナリストの立花隆さんは、インプットとアウトプットの割合が100対1ぐらいでなければ、きちんとしたものは書けないと言っています。私たち教師も同じです。インプットを増やし、実のある夏休みにして二学期に生かしたいものです。

キーワード

価値づけと反省をしながら、自分が進む道を照らすことが必要です。

第2章

学級成熟期

―豊かな言葉が豊かな子どもを育てる―

子どもたちの背中を押して任せることで、集団力を育てる

子ども同士の横の関係を強くし、集団として育てる

夏休みを終えた9月、子どもたちが学級に戻ってきます。長い休みで生活リズムを崩したまま登校してくる子もおり、学級全体がだれてしまいがちになります。しかし、ここ10年ほど、一学期の終了時と変わらず、けっこうしっかりした状態で二学期に臨む子どもたちが増えたような気がします。「学級のみんなとの生活が楽しい」「早く集団に戻りたい」という思いが強く伝わってきます。塾や習い事に追われたのか、家族揃って旅行する経験が少なくなったのか、家庭での夏休みの過ごし方の変化も背景にあると思いますが、それでも学校の再開を楽しみに待っているということは、教師にとって喜ばしいことです。

新年度の4月、子どもたちは今までの自分をリセットし成長しようと決意し、一学期を過ごしてきました。うんと努力した子もいれば、今ひとつ頑張りきれない子もいました。そんな個々の成長のでこぼこを仕切り直す意味でも、二学期が始まった9月には再び〝リセット〟し、「二

学期もやるぞ！」という意識づけをすることが必要です。

私は子どもたちに、A（右に上がっていく線）とB（平行のままの線）を見せ、「一学期、みんなはAの道を目指して努力してきました。二学期は、さらにスーパーAを目指して頑張っていきましょう」と話し、成長曲線を描きます（図2〈子どもたちが進む道〉参照）。

「スーパーAとは、自分だけでなく、学級全体の成長を考えられる人のこと」だと、〝集団〟を意識させるのです。

図2　〈子どもたちが進む道〉

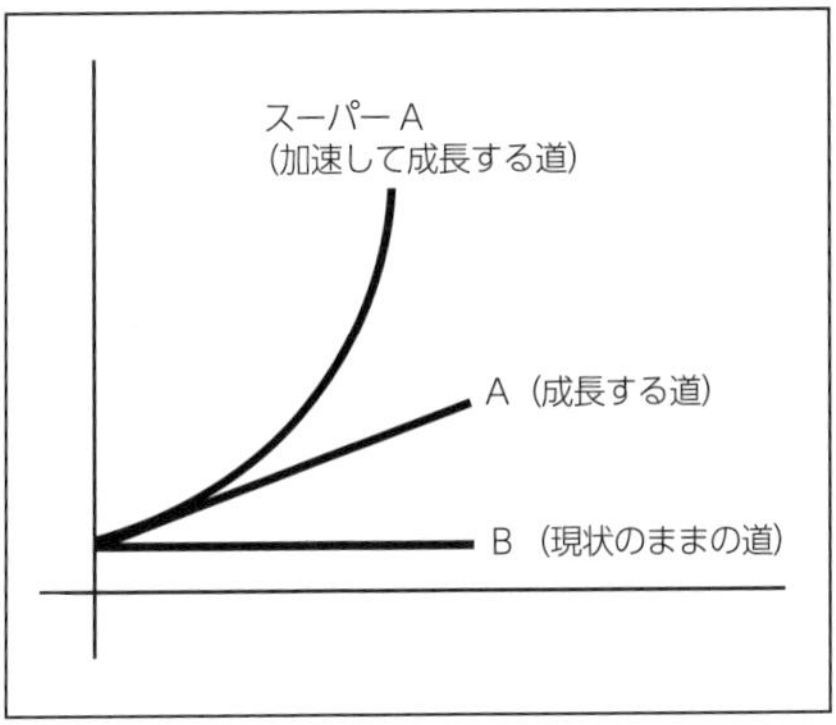

成長を目指して努力するAの道と、努力せず現状のままのBの道。学級みんなで成長を目指すスーパーAの道。

一学期は、子ども一人ひとりの力を伸ばし、教師と子どもの縦の関係をしっかりつくってきました。二学期は、子ども同士の横の関係を強くし、集団として育てていく視点が大切です。

言葉の獲得で広がる可能性

集団を育てる視点から、いくつかの取り組みについてお話ししましょう。

6月頃からスタートした「ほめ言葉のシャワー」

も、9月には2巡めを迎えます。1回めに友達のいいところを見つけ、ほめ合えたことで、子どもたちにも余裕が出てきます。

そこで、2巡めが始まる前に、「ほめ言葉のシャワーを続けると、どんなよいことがあるか、よりよいものにするためにはどうすればよいか」について子どもたちに意見を出させ、ほめる視点や内容、どんな言葉を使うかなどを意識させるようにします。友達のよいところを、より深く細部にわたって見つけられるようにするためです。

「ほめ言葉のシャワーを続けると、どんなよいことがあるか」。子どもたちの答えで黒板は埋め尽くされた。

子どもたちからは、「人の話をよく聴くようになる」「みんな自信がつく」「人のいいところがすぐに真似できるようになる」といった意見がたくさん出ました。この中に、「手あかのついた言葉を全員が言わなくなる」という意見がありました。机の上に常に辞書を置き、わからない言葉があればすぐに辞書を引く習慣がついてきた子どもたちは、「ほめ言葉のシャワー」で難しい単語や四字熟語を使うようになってきます。

鹿島田裕真君は、学習の積み重ねがなかったため授業の内容が理解できず、最初の頃はふてくされた態度を取っていました。それでも、みんなで認め合ううちに彼なりの頑張りを見せるようになりました。今まではろくに本も読まなかったのですが、伝記まんがに挑戦するようになりました。ある授業で、「野武士」という単語が出たとき、鹿島田君の表情がぱっと変わりました。黒板と自分が読んでいた織田信長の伝記を見比べ、「この本にも野武士って書いてある」と嬉しそうに話しました。自分が読んでいる本と授業に出てくる言葉が彼の中でつながったのでしょう。鹿島田君は前にも増して、伝記まんがを熱心に読むようになりました。

初めて出会う「言葉」によって、子どもたちは新しい世界を知ります。言葉の獲得によって、未来の可能性が広がるのです。

「その子らしさ」を育てる「わたしの本」

友達のよいところを見つけ、自分でも真似してみようとする。みんなから認めてもらい、自信がもてるようになる。学級で自分らしさを安心して出していくことができる。こうした子どもたち同士の横のつながりをより強くするために、二学期から取り組むのが、「わたしの本」です。

前述した「成長ノート」（P24）は、規範意識や目標など、学級の中で学ばせたい〝価値ある行為〟

を子どもたちの心に印象づけるために記させるものです。テーマも、原則として教師が決めています。これに対し、「わたしの本」は、一人ひとりがテーマを見つけ、自由に書いていきます。

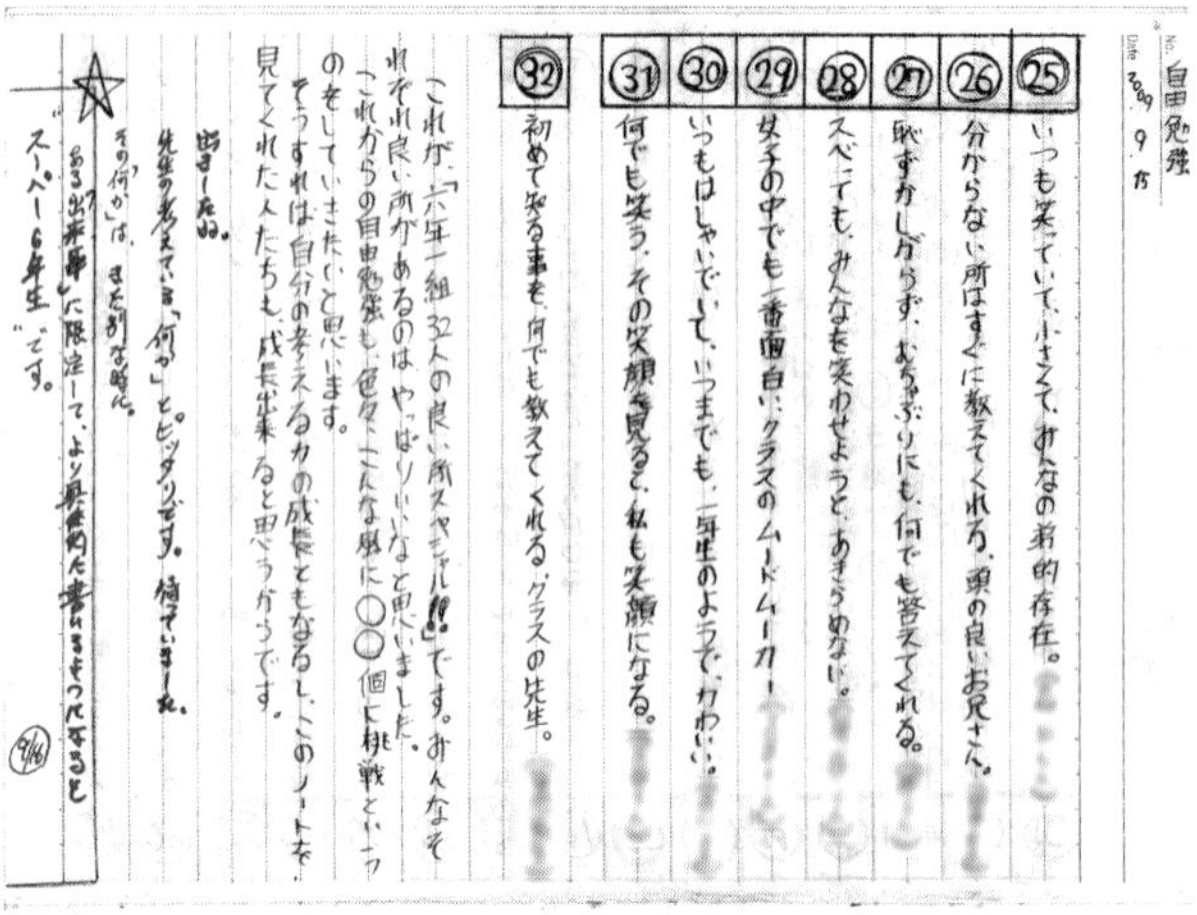

「その子らしさ」を育てる「わたしの本」。"名作"は印刷してクラス全員で共有する。そうすることで、次の名作が生まれる。

その子らしさを認めて、表現力や観察力、価値観を育てるのがねらいです。「わたしの本」の特徴は、読者（クラスの友達）に向けて書くということ。クラスみんなで認め合い、お互いを高めていくのです。

最初は、計算問題や漢字練習などの自習を書いてくる子がいます。日記のように「今日、テレビで○○を見た」と事実だけを記してくる子も大勢います。何をどのように書いていいのかわからないのです。こうした内容でも否定せず、漢字練習やテレビ番組の感想など、自分の意見・感想をつけ加えることをアドバイスします。

さらに内容や視点、まとめ方など、キラッと光る〝名作〟を書いてきた子については、全員の前で読み上げたり印刷して配ったりして、学級全体で共有します。

浅野唯花さんは、ある日の「わたしの本」に「わたしの好きなところ」を書いてきました。誰にでも声をかける／明るく挨拶ができる／「自分が変わった」と言える、などノートは箇条書きでびっしり埋まっています。その頃、学級では、「〇〇さんのいいところ」を箇条書きにしてくる子が何人もいたのですが、自分のいいところ探しは初めてでした。みんなと違う視点に感動した私は、さっそくクラス全員に浅野さんの内容を印刷して紹介しました。

浅野さんは、友達のいいところを見つける→みんなで認め合う→自分に自信をもつ、という価値を示し、集団が育つべき方向を提起してくれました。子どもたちは「自分のいいところを書いてもいいんだ！」と刺激を受け、続々と自分のいいところ探しをするようになりました。

これを機に、集団のステップがグンと上がりました。

技術だけ教えても、話し合いの「中身」は深まらない

係活動や特別活動などの時間は、自分らしさを発揮できる重要な場です。これらの活動は、時間がないからと、つい教師主導でおざなりに進めてしまいがちですが、本来はじっくり時間をかけて子どもたちに任せるべきでしょう。たとえ拙い内容の話し合いであっても、教師が口

をはさむのはぐっと我慢。失敗や試行錯誤を繰り返す経験は、何よりも貴重な成長の場です。教師や大人から見れば成功といえなくても、子どもたちにとっては、「自分たちでやり遂げた」という達成感が、次への大きな自信につながります。

「〇〇君の得意分野だから、この取り組みは〇〇君に仕切らせてみよう」「△△さんはいつもはなかなか発言ができないけれど、得意分野の活動なら発言しやすいだろう」など、教師は、核になる子どもを適材適所におき、子どもたちをつなぐ役割を担うべきです。

みんなが納得できるよう、本気で話し合った経験は、授業にも生きてきます。例えば道徳などで、価値観が揺さぶられるような内容について話し合いなさいと指導する際、それ以前にしっかりと話し合った経験がなければ、価値ある話し合いにつながりません。話し合いは積み重ねです。話し合いの「形」を重視して技術だけ教えても、「中身」は深まらないのです。子ども自身に考えさせ、本気で話し合うことができるよう、教師が子どもたちを見守る姿勢が大切です。

発表の場面でも、次々と発言させるだけでは、みんなの考えがつながらず、学び合いになりません。一人が意見を発表した後で、「みんなはどう思う?」とクラス全員に返すことが必要です。教師が返すことで、子どもたちは自分の意見と比べるようになります。安易に発表を聞き流すことがなくなり、真剣に友達の意見に耳を傾けるようになります。発表者もいい加減な発言をしなくなります。一つの意見をみんなで共有し合う雰囲気が、クラスに生まれるのです。

青山将人君は、「自分も絶対に発表するぞ！」と意気込んで保健委員会の活動に臨みました。しかし、他の子たちが積極的に発表する中で圧倒されてしまったのか、とうとう最後まで手を挙げることができませんでした。学級に戻って、6人の保健委員が活動を報告した後、私は6人のいいところを次々とほめました。「幡野さんは口火を切って質問していましたね。さすがです」「大宮さんはいつもまっすぐ手を挙げていましたね」……。青山君の番になりました。私は青山君を次のようにほめました。

「今日、一番成長したのは青山君です。『発表しよう』と心に決めてきたのに手を挙げられませんでした。今日の失敗は、きっと次の成功につながることでしょう！」

子どもが自ら「伸びたい」と思っているとき、教師が背中を押してあげる「啐啄《そったく》」のタイミングを、常に心に留めていなければなりません。教師と子どもの1対1の関係性の中で考えるだけでなく、時には全体のバランスの中で見極めていくことも必要なのです。

キーワード

「啐啄《そったく》」のタイミングを、教師は常に心に留めていなければなりません。

菊池学級の1日は話し合いで始まり、話し合いで終わる

メッセージがあふれる朝の教室

集団を育てるための具体的な取り組みをいくつかご紹介してきました。そこで、次は集団力を高めることを意識した、菊池学級の1日の流れを追ってみたいと思います。

朝、教室に入ろうとする子どもたちの目に真っ先に入るのが、扉の前の「関所」です。関所には、A4判のホワイトボードにその日のメッセージが書き込まれています。「元気よく挨拶をしましょう」というような目標を掲げた日もあれば、「1㎥は何㎤ですか?」など学習クイズが出題される日もあります。

「関所」を通過し教室に入ると、次は「黒板メッセージ」が待ち構えています。「おはようございます。今日の『ほめ言葉のシャワー』は○○さんです。○○さんのよいところを見つけましょう」「今日、誕生日の△△さんに『おめでとう』と言いましょう」「辞書で四

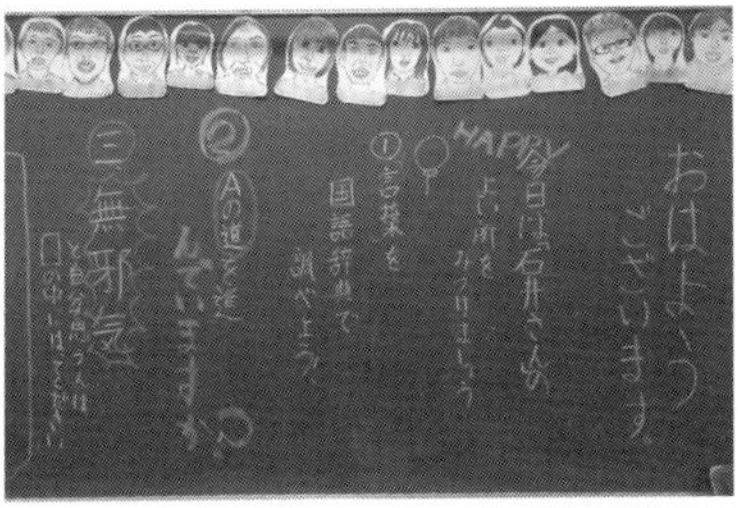
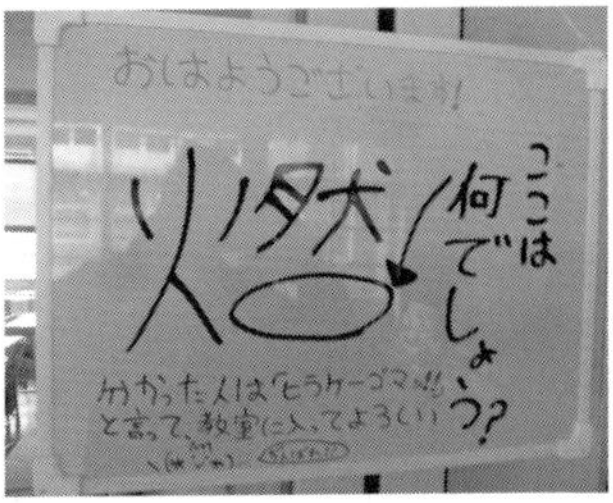

教室前の「関所」と「黒板メッセージ」。朝から、教室は子どもたちのやる気パワーがみなぎっている。

字熟語を調べましょう」など、黒板いっぱいに書かれたメッセージを読みながら、子どもたちは席に着きます。どのメッセージも子どもたちが書いたものです。窓の開け閉めや給食台の拭き仕事、ごみ箱のチェックなど、私の学級では一人一役、各自の希望で仕事を決め、各自が担当します。

「関所」も「黒板メッセージ」も仕事の一つなのです。

4月上旬に役割が決まるまでは、私が「関所」「黒板メッセージ」を書きました。担当になった子どもは、最初はそれを参考にしています。また、当初は「明日は○○さんのほめ言葉のシャワーだから、○○さんを観察するような働きかけを書くといいね」などとアドバイスもします。慣れてくるにつれ、オリジナルのメッセージが出てくるようになります。

「ミニライフヒストリー」で友達をもっと知る

朝読書や百ます計算、係活動など、子どもたちが登校してから授

「ミニライフヒストリー」で質問を受ける女子。クラス全員から次々と質問が出される。放課後は、「ほめ言葉のシャワー」を浴びる。

業開始までの時間に、先生方はさまざまな活動をされていることと思います。私の勤務校では朝の時間が25分間なので、まとまった活動をすることができます。そこで、取り組んでいるのが「ミニライフヒストリー」です。

「ミニライフヒストリー」は、「ほめ言葉のシャワー」を浴びるその日の主人公に、朝の時間を使って、学級の子どもたちが続けて質問を行う活動です。

最初の子が質問した項目に関連した質問を次の子がし、それを全員で順番に繰り返していくことで学級がつながり、人間関係が豊かになります。

取り組みの最初には、次のようなステップで質問の仕方や答え方の指導をします。

①質問の仕方を教える……全員が知っている、あるいは体験しているので答えやすく、聞きやすいもの。誰でも参加できる楽しい話題にする。連続質問、限定質問、選択質問、はい・いいえ質問、なぜ・例えば質問などがあることをアドバイ

スする。
〈例〉「カレーライスは好きですか」→次の子「ラーメンは好きですか」→
次の子「どちらが好きですか」→「なぜ、好きなのですか」

②引用する……その子の好きなこと・得意なことを質問する。
〈例〉「サッカーと野球、どっちが好きですか。」→「サッカーが好きなのは、
○○さんがサッカーチームに入っているからですか」→「サッカー以外
ではどんなスポーツが好きですか」

③「き・く・こ・よ・ね」を活用する……質問者の好きなこと・得意なことについて、「き
っかけ」「くろう」「こつ」「よろこび」「ねがい」などを尋ねる。
〈例〉）「サッカーを始めた理由は何ですか?」→「やめたいと思ったことは
ありますか」→「レギュラーになるためにどんなことをしましたか」

④その人の〝よさ〟を引き出す……可視から不可視へと質問をつなげる。
〈例〉「最近、自分を笑顔にしてくれたことは何ですか」→「どんな時です
か」→「笑顔になったときの色は何色ですか」

私は朝の一連の活動を、1日の最初から「みんな」を意識させていく大切な場と考えています。

友達が書いた「関所」や「黒板メッセージ」をみんなで読み、考える。「ミニライフヒストリー」では、みんなで質問をつなぎ、その日の主人公のことをもっと知る。こうしたコミュニケーション活動は、全員参加の協同学習の一つだととらえています。

ペアやグループでの話し合いを十分に取り入れた授業

授業は全員参加を基本に、ペアやグループなど、さまざまな形で集団で学ぶ活動を取り入れています。黒板一つとっても、全員が自分の意見を黒板に書き込むことで、全員参加の授業をつくることができるのです。話し合い活動を行うのは、国語科や社会科、道徳などで、自分なりの考えをもつことができる授業内容の時です。理解に個人差が出る算数では、一斉指導が中心になります。

ペアやグループの活動では、座席近くの友達と話し合ったり、席を立って自由に話し合ったりします。まずは自分と同じ意見の人、次に自分と違う意見の人と話し合うように指示することもあります。話し合いの準備として、①お互いに挨拶する、②一人が意見を述べる、③もう一人が感想を話し、自分の意見を述べる、という型を教えます。慣れてきたら、お互いの意見に対してコメント返しを増やしていくようにします。

コメントを入れる活動は、図画工作科や音楽科などでも活用することができます。例えば、図画工作科で絵を描いたり作品を作ったりした後、みんなで鑑賞し合います。各々の机に作品とＡ４判の白紙を置き、自由に教室を回ります。鑑賞したら、白紙に自分の名前とコメントを書き込んでいきます。

作品を鑑賞し合う活動を通して、作品づくりという個人の取り組みも全員参加の取り組みになるのです。

図画工作科の授業。各自の作品をみんなで鑑賞し合う。Ａ４判の紙には、作品への「ほめ言葉」があふれている。

昼休みは子どもたちの成長の場

子どもたちが楽しみにしている昼休みも、集団づくりに欠かせない時間です。といっても、いつでもみんなが仲良く遊ぶわけではありません。時にはトラブルが発生します。ある子が「先生、○○君たちのグループがいつもボールを独り占めしています」と言いに来たら、集団づくりの大きなチャンスです。教師が頭ごなしに叱るのではなく、子どもたち自身にルールを決める話し合いをさせるのです。さっそく、ミニ学級会で取り上げたところ、「ボールに近い席の子が走って取りに行くので、いつも速い者勝ちになってしまう」「男子ばかりがボールを使ってずるい」という意見が出されました。話し合いの結果、子どもたちは、①走って取りに行くのは禁止、②ボールを持って行った人が責任をもって教室に戻す、③男女交互に使う、ただし、男女が一緒になって使うのはかまわない、というルールを決めました。私は子どもたちの意見を尊重しながらも、「もし問題が生じたら、再び話し合いましょう」とつけ加えました。

学校生活では、一度の話し合いですぐに解決しないこともたくさんあります。「不都合が生じたら修正する」という姿勢は、ルールづくりの「基本的なルール」です。身近なトラブルも、子どもたちにとっては話し合いで問題解決を図る大切な自治の機会になるのです。

話し合いの授業では、「人と意見を区別する」ことが大切

帰りの会では、「ほめ言葉のシャワー」を行います。朝、「ミニライフヒストリー」でみんなから質問を受けたその日の主人公の子どもが再び教壇に上がります。主人公のよいところを見つけてほめる。言われた子が感想を述べる。和やかな雰囲気で、学級の1日が締めくくられます。

お互いを認め、認められることで、子どもたちは自己肯定感をもつようになります。「自分の思いを正直に話しても大丈夫」という安心感は、教室そのものを成長させていきます。

話し合いの授業の中で、私はよく「人と意見は区別すること」という話をします。子どもたちは他の子から反論されることを嫌がります。自分の全てが否定されたような気になるからです。教室に信頼関係が生まれれば、子どもたちは、反論と人格の否定とは全く違うことを理解します。すると、教室に活発な意見が飛び交うようになります。話す技術と人間関係、話し合いのねらいや目的が揃ってこそ、充実した話し合いができるのです。

「自分がこんなに意見を言えるなんて驚いた」――話し合いを終えたある子どもの感想です。この時、周りの子どもたちも、「〇〇さんはすごく頑張っていた」と認めていました。知恵を出し合って生まれた意見は、まさに学級全員で創り出した協同学習の成果と言えるでしょう。

キーワード

話す技術と人間関係、話し合いのねらいや目的が揃って、充実した話し合いができるのです。

子どもが変われば、保護者も変わる

仲間の頑張りをともに喜んだ子どもたち

11月あたりになると、二学期のゴールをそろそろ意識しながら、子どもたちと向き合う日々が続きます。

私の勤務校では、学習発表会と1泊2日の自然教室が立て続けに行われます。4月から、価値ある行為を目指し、成長のスピードも加速してきた子どもたちは、「変わる」をテーマに、今回の行事に取り組んできました。

学習発表会で、大勢の保護者の前で堂々と演じる子どもたち。温かい学級の雰囲気が舞台に表れている。

学習発表会では演劇に挑戦し、力いっぱい演じた子どもたちは、その後「成長ノート」で、「(練習を始めた)最初は少し恥ずかしかったけれど、恥ずかしくなくなった」「本番では、みんな大きな声を出せていたのがよかった」などの感想をノートいっぱいに書いてきました。自分だけでなく、仲間の頑張りもしっかりと受け止めていた姿を頼もしく思いました。

子どもたちの成長を実感したのは、子ども自身や教師だけではありません。学習発表会を参観した保護者たちから、「みんな一生懸命頑張っていました」などの嬉しい声が寄せられました。

子どもを通して、保護者も成長する――。保護者たちの笑顔を見ながら、あらためて実感しました。

わが子の「学びの軌跡」を保護者に見せる

新年度が始まった4～5月。保護者たちからは、クラスへの不安が多く寄せられました。「同じ仲良しグループでいじめた○○さんと、また同じクラスになってしまった」「うちの子は△△さんから手を出されたことがあるので心配」など、わが子にのみ関心が向いている保護者が大勢いました。家庭訪問でこうした保護者の話を一つひとつていねいに聴きながら、学級経営と授業をしっかりやっていくことをはっきりと伝えました。

子どもたちのよいところを見つけて、教師がほめることからスタートし、子どもたちがお互いにほめ合う、さらに「ほめ言葉のシャワー」「成長ノート」などを通して、友達のよいところを積極的に見つけていく。こうした繰り返しの中で、少しずつ自信をもっていった子どもたちは、学校での様子を積極的に家庭で話すようになりました。今まで友達や学校への不満をこぼしてばかりいたわが子が、ほめられた喜びや友達のよいところを話し始めたことに気づいた保護者は、「今年は、今までと違う」と感じてくださったようです。

保護者が学校に抱く〝マイナス〟の気持ちを〝プラス〟に転換してもらうために、私は、最初の授業参観で子どもたちの学び合いの姿を見てもらい、これまでの不満・不安を払拭してもらおうと考えました。

授業では、話し合いの場面を多く取り入れました。話をしている人の方に体を向けてしっかりと話を聴き、全員が自分の考えを自由に出し合う。正解を求めるだけの授業とは全く異なる話し合いの授業に、保護者は驚かれていたようです。

授業参観後、子どもたちの「成長ノート」を各自の机の上に置いておきました。懇談会で、わが子の席に座った保護者はおもむろに「成長ノート」を広げました。

「成長ノート」は、節目節目に合わせた規範意識や育てたい目標など、学級の中で学ばせたい〝価値ある行為〟を、書くことによって意識化させるノートです。「今日の話し合いの授業で学んだこと」など、私が提示したテーマについて、子どもたちは意見や感想を書いていきます。

「5年1組では、みんなで成長し合うことを目標にしているんだなあ」

「うちの子が自分の意見をこんなに書けるなんて知らなかった」

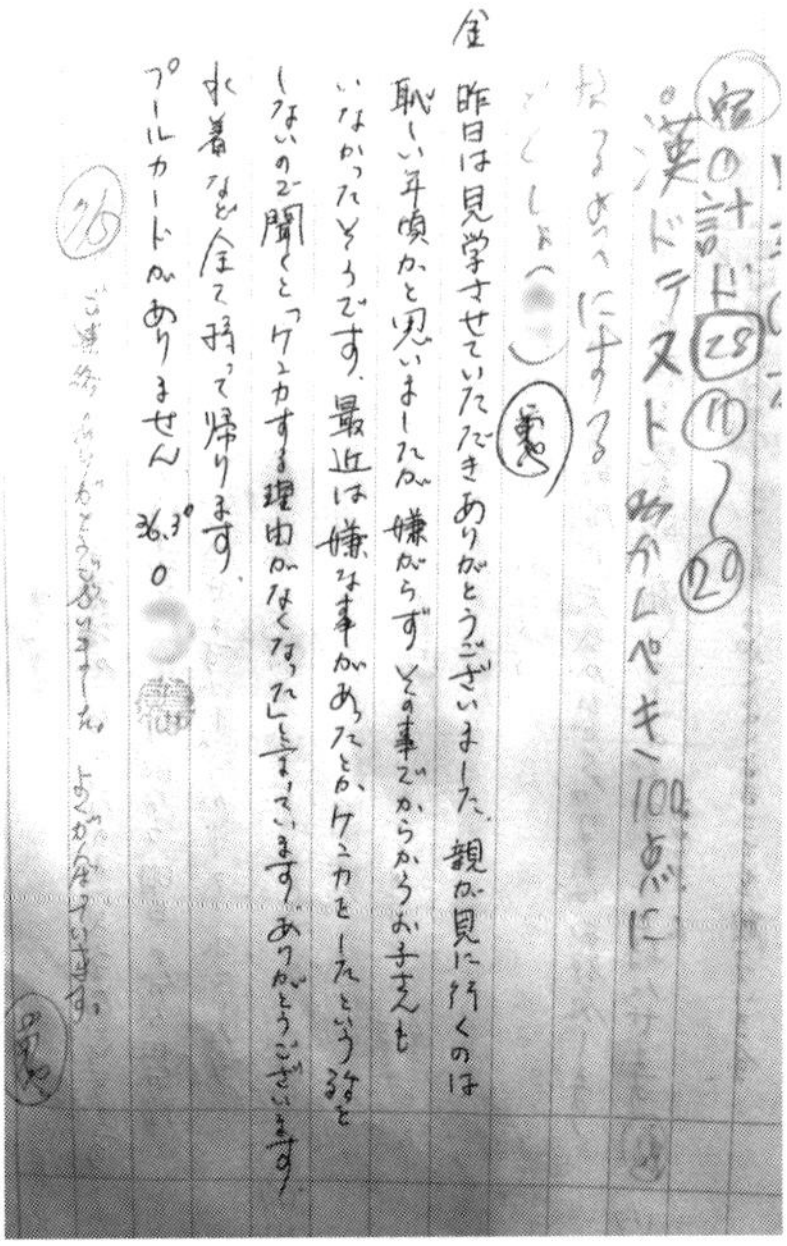
昨日は見学させていただきありがとうございました。親が見に行くのは恥しい年頃かと思いましたが嫌がらずその事でからかうお子さんもいなかったそうです。最近は嫌な事があったとかケンカをしたという話をしないので聞くとケンカする理由がなくなったと言っています。ありがとうございます。
水着など全て持って帰ります。
プールカードがありません。

連絡帳に寄せられた保護者からのメッセージ。わが子だけでなく、学級全体の成長を喜ぶ。

初めて見るわが子の「学びの軌跡」に、保護者は高い関心を示していました。「うちの子は、新しいクラスでやっていけるのだろうか」という不安が、「子どもたちは変わろうとしている」という期待に変わっていく様子がまざまざと感じられました。

「うちの子、今までと違います！」

今年度、5年1組の一員となった鹿島田裕真君は、当初、子どもたちだけでなく、保護者からも心配の種として受け止められていました。何かおもしろくないことがあれば、すぐに学校を飛び出してしまい、そのたびに鹿島田君を探したり家庭に連絡したり、周りの先生たちは振り回されていました。今、考えれば、学級からいなくなることで、クラスのみんなに〝できない〞ことを隠そうとする、自信のなさの表れだったのでしょう。こうした〝脱走〞が続くうちに、もともとあまり協力的ではない保護者だったこともあり、学校から家庭への連絡はだんだんと後回しになっていきました。それが一層、保護者の学校に対する不信感を生んでいました。

鹿島田君は、学習の積み重ねがなかったため授業の内容が理解できず、最初の頃はふてくされた態度をとっていました。授業中はノートもとらず（そもそもノートを持ってこなかったのですが）、机に顔を伏せていたり、発表の順番が来ても黙り込んでしまったりしていました。それでも、みんなで認め合ううちに、鹿島田君はできることから少しずつ取り組むようになり、彼なりの頑張りを見せるようになりました。

しばらくして、お母さんから「うちの子、今のクラスや先生に興味をもっているようです。今までと違います！」と電話がありました。家に帰ってから学校の出来事を話しているのです。今まで叱られる経験ばかりで、ほめられたことがない鹿島田君のような子どもは、ちょっとほめられた程度では、わざわざ家庭で話すことはしません。教師からほめられ、学級のみんなと日常的にほめ合う中で、〝自分も変われるかもしれない〞という期待と喜びを家族にも伝えたくなったのでしょう。

鹿島田君の成長を実感した保護者も少しずつ変わってきました。私の勤務校では、基本的に標準服を着用するのですが、鹿島田君は一度も着てきたことがありませんでした。最近になって着てくるようになり、ヘアスタイルも小学生らしいものに落ち着いてきました。

また、各自机の中に入れておく道具箱をお母さんが揃え、鹿島田君に持たせました。もちろん、学習ノートも用意しました。こうしたことは、保護者の協力なくしてなかなかできません。保護者の意識が、子どもに向けられるようになったことを嬉しく思いました。

日々の授業で、子どもたちの「今」を伝える

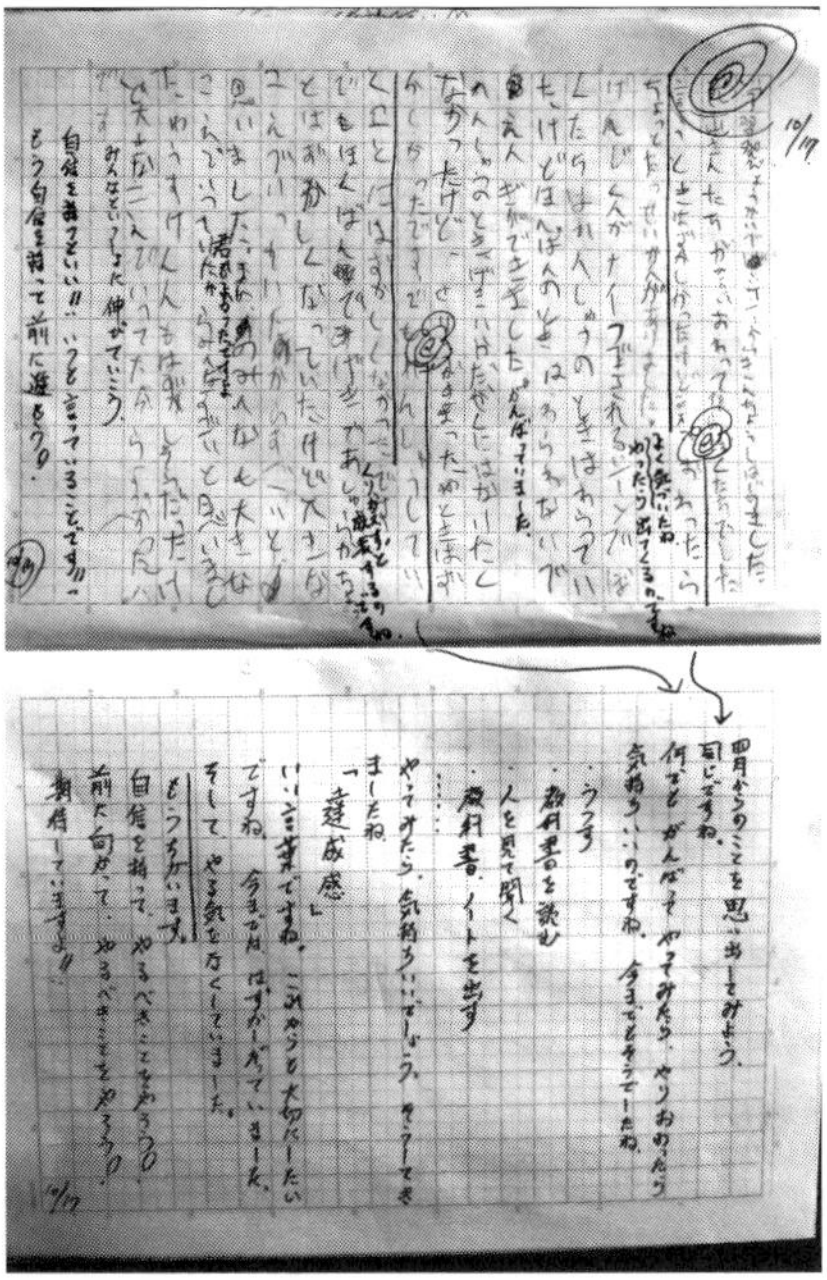

一人ひとりの子どものノートに、赤ペンでコメントを添える。文章のよいところには丸と理由を書き込み、最後に文章でも「ほめ言葉」のシャワーを浴びせる。時には１ページを超えることもある。

教師の仕事は、日々の授業が中心です。全ての大切なことが授業の中に入っていると思っています。授業づくりには、「これくらいでいいだろう」という妥協点はありません。授業づくりに費やすべきエネルギーには上限がないのです。

若い頃から、私は学級通信をほとんど出したことがありません。時間がある限り、全てを授業づくりに使いたいと考えているからです。

学級通信の代わりというわけではありませんが、私は一人ひとりの子どもの学習ノートや「成長ノート」に必ずコメントを添えます。時には、コメントだけで1ページ以上書き込むこともあります。子どもたちに伝えたい大切なルールや学習のポイントをまとめたプリントや、子どもたちの意見や感想を集約したプリントを作って配ることもあります。また、必要に応じて連絡帳で、保護者と細かくやりとりすることもあります。結果的に、「学級通信」という形にとらわれず、子どもたちの学びの姿を保護者に伝えることができています。

かつて、毎日学級通信を発行することが、優れた担任教師の基本であるととらえられていた時期もありました。しかし中には、個々の子どもの掲載数が平等になるようにいちいちカウントをとったり、学級通信のネタ探しのために、苦労して時間を割いたりしているという先生方の話を聞きました。もちろん学級通信を否定するつもりはありませんが、こうなっては、子どもの活動ありきの学級通信なのか、学級通信ありきの子どもの活動なのか本末転倒です。

安定した学級であれば、確かに学級通信は子どもたちの姿を保護者に伝える有効な手段の一つでしょう。しかし、問題を抱える学級が多い昨今では、難しい面もあるのではないでしょうか。学級通信のあり方を一度、じっくり考えることも必要だと思います。

わが子の姿を保護者が直接知る機会は、運動会や学習発表会などの行事が中心になります。行事は、子どもたちの頑張りの成果を見てもらう絶好の機会ですが、同時に、普段の学習からあまりにもかけ離れた非日常の取り組みでもあります。

例えば、演奏会で子どもたちがすばらしい合唱を披露したとしても、中には、「この日のためにさんざん練習しているのだから当たり前でしょ」と否定的にとらえる保護者もいます。教師と子ども、保護者の日頃のつながりが確かでなければ、その場限りのスペシャルデーだと受け止められてしまうのです。

日頃のつながりとは、日々の授業の積み重ねです。あくまでも教師は、授業で子どもたちと向き合っていくことが大切だと思っています。

キーワード

日々の授業で子どもが育てば、それを実感した保護者も成長するのです。

「最後の1秒」まで指導する意識をもち続けよう

学びが一気に加速する三学期に向けて

「同じ学級は二度とない」――私が若い頃、いろいろと教えていただいた大先輩の言葉です。この言葉は、今でも私の学級づくりの礎になっています。

昨日よりも今日、今日よりも明日の子どもたちの成長を信じて、よりよい学級づくりを目指しています。子どもたちのよいところを見つけてほめる言葉を大切にした授業をする……こうした日々の小さな積み重ねが実を結び、三学期に一気に加速して、子どもたちは成長していきます。

二学期のはじめ、子どもたちに「一学期に頑張ってきたA（右上がりの直線）の道より、二学期は『スーパーA（曲線）の道』を目指そう」と示しました（P75図2〈子どもたちが進む道〉参照）。「スーパーA」とは、自分だけでなく、学級全体の成長を考えられる〝集団〟になることです。三学期は、いよいよ曲線の角度が一気に上向きになる時期です。

さまざまな問題を抱えて進級してきた子どもたちですが、お互いによいところを見つけ合い、真剣に学び合うことで学級の信頼関係を築いてきました。教室が安心できる場所になった子どもたちは、落ち着いて生活できるようになります。学びが保障されることで本来の子どもらしさを取り戻し、素直に吸収することができるのです。

学校は「教師が教え、子どもが教わる」場です。教わる心地よさを感じた子どもたちは、教師や目上の人に対して素直に敬う気持ちが芽生えてきます。今まで知識として学んできた敬語の「価値」を実感するようになり、教室での学びが一層深まっていくのです。

問題がない教室はない

「スーパーＡの道」は、子どもだけでなく、教師の指導のあり方を示す道でもあります。人と人がかかわる以上、全く問題がない学級などあり得ません。何か問題が起こり、解決したと思ったら、また次の問題が起こるという繰り返しです。この時に問われるのが、教師の姿勢です。問題が解決したとき、「やれやれ」とそこで満足してしまうのか、これを機にもっと高いレベルまで学級を成長させていこうと気持ちを新たにするのか。教師の心がけ次第で、学級の「成長曲線」の伸びは大きく変わっていくのではないでしょうか。

「2：6：2」の法則という経験則があります。

集団では、やる気がある人2：どちらでもなく普通の人6：やる気がない人2の割合に分かれやすいという法則で、学級経営では、6に属する子どもたちにやる気をもたせて8に高め、残りの2の子どもたちを引っ張っていくことが大切だといわれています。

しかし、やる気グループが8になったとき、そこで満足しては、学級の成長曲線の伸びは小さくなってしまいます。教師は「スーパーAの道」をより意識させ、8の集団の質をさらに高めていくことが必要だと思います。

各自で算数科の計算プリントを解いていたときのことです。ほとんどの子ができている中、鹿島田君は鉛筆を動かすことができません。普段の算数科の授業では、子ども同士の学び合いの機会を多く取り入れていますが、プリント学習は個別の作業に終始します。鹿島田君へのていねいな個別指導はもちろん必要ですが、それに加えて私は、集団力を高めるきっかけにしたいと考えました。その日の帰りの会で、「プリント学習の時、何もしていなかった友達がいました。みんなはどう思いますか」と尋ねました。

「ちゃんとやらないといけない」「頑張って挑戦することが必要」などの意見が出る中、私は「その子の周りにいた人は、どうしていましたか。自分の分は終わったからと満足してその友達を放っておいた、他の人についてはどうなのでしょう」と、再度尋ねました。普段から一緒に学

わからないことがあれば、男女関係なく気軽に聞き合える学級づくりが大切だ。

び合っている子どもたちは、ハッとした表情になりました。

4月からの鹿島田君の頑張りは、クラス全員が認めていることです。授業中に手を挙げない、ノートさえ持ってこなかった鹿島田君が、自分の意見を言えるようになり、自分の考えをノートにまとめるようになったこの成長を、仲間としてともに喜んできました。自分だけではなく、仲間とともに集団が成長するのが「スーパーAの道」であることを再確認した子どもたちは、学び合いについてさらに意識したようです。その後、国語科の授業中に新出単語を辞書で引く場面では、なかなか見つけられずにいる子がいると、周りの子どもたちがさりげなく寄り添って一緒に探す姿が、そこここで見られるようになりました。やる気8のグループが、残り2の子を引き上げていくことを意識した、こうした投げかけも必要だと改めて思いました。

「昨年のクラスはもっとよかった」は禁句

学級の成長が停滞し、子どもたちが何となくたるんでくることがあります。そんな時は、もっと先にあるさらなる高みを見据え、子どもたちに示していくことが必要です。

例えば、三学期も残り少なくなると、卒業を控えた六年生の学級にほんのわずかなたるみ・緩みが生まれることがあります。この時、「あともう少しで卒業だから」と許してしまうことはありませんか。学校は「教師が教え、子どもが教わる」場であることを、教師は常に頭に入れておくことが大切です。

3月の修了式、六年生なら卒業式の最後の1秒まで、成長させる指導の場であることを忘れてはいけません。「やれやれ」「もう卒業だから」という思いは、1秒への〝逃げ〟の気持ち、そう肝に銘じています。

子どもたちに発破をかけるつもりで、「昨年のクラスの方がよかったな」「前の学年はもっとすごかったぞ」などと話す教師がいますが、これは禁句です。たとえ教師が心の中で思うことはあっても、目の前の子どもたちに絶対に言ってはいけません。

こうした言葉かけは本来、教師の〝逃げ〟です。昨年度の学級よりも高めることができなかったのは、教師自身の指導に問題があるのです。「同じ学級は二度とない」のです。自分自身の指導の甘さの責任を、目の前の子どもたちに押しつけているにすぎません。

比較するのは、一緒に歩んできた、目の前の学級です。例えば二学期の学習発表会など、子どもたちが大きく成長した時期と比べて、今のたるんでいる様子を省みさせることもできるでしょう。一方、気になる子どもがいるなら、４月のその子と比べてみてましょう。「４月には、机にうつぶせて学習に参加しなかった鹿島田君が、今では自ら発表できるようになった。『何かしでかすのではないか』と気をもむのではなく、鹿島田君ならきっと大丈夫だ」と、成長した〝今〟の鹿島田君を信じましょう。

三学期は子どもの可能性を信じるとき

三学期になっても、教師と子どもの「教える―教わる」関係は変わりません。しかし、立ち位置は変わってくるでしょう。この時期は、まさに子どもの可能性を信じるときです。ガチガチの指導をするのではなく、ていねいな水面下での指導がより大切になります。

ある年に受け持った6年1組に、五年生の時に中国から来日した上原みゆきさんがいました。上原さんは校内の日本語教室に通級しながら1組で学んできました。日本語が話せず打ち解ける友達もいなかった五年生の頃に比べ、「ほめ言葉のシャワー」などを通して、少しずつクラスの仲間とお互いに認め合うようになっていきました。そんな上原さんが2月、「ほめ言葉のシャワー」の最後の自分の番の後、日本語教室を卒業する、と私に宣言してきました。

当日の朝、その日の「ほめ言葉のシャワー」の子にいろいろな質問をする質問タイムで、川島陵太君からこんな質問が出ました。

「自分が人を笑顔にさせるのと、自分が笑顔にさせられるのとどっちが好きですか？」

抽象的で理解しにくい日本語の質問に上原さんはしばし沈黙し、「すみません、もう一度言ってください」と返しました。川島君は、同じ質問をもう一度わかりやすく繰り返します。上原さんは質問の意味を理解し、「相手を笑顔にさせるときです」としっかり答えました。質問タイムが終わると、私は川島君のレベルの高い質問をほめ、難しい質問にも誠実に答えようとした上原さんをほめました。

「大人でもなかなか言えない『もう一度言ってください』と言えた上原さんは、立派に日本語教室を卒業する資格があるでしょう」と話すと、上原さんに向けてクラスから大きな拍手が起こりました。

教室には、いろいろな子どもがいます。多様なお互いの「自分らしさ」を認め合いながらも、一つにまとまることができる学級づくりが大切です。相手のよさを認め、自分のよさを素直に出すことができる教室には、明るさがあふれます。明るさを共有できない集団に、本当の楽しい教室は生まれません。

よいところを見つけてほめ、一人ひとりが安心できる教室づくりからスタートしました。一学期の指導が、学級を「整える」ことだとしたら、三学期の指導は「調える」ことではないでしょうか。

多様性を認め、お互いが自分らしさを発揮できる「調った」教室へ。

キーワード

学級を「整える」指導から「調える」指導に変わっていくのです。

自分で、みんなで、答えを「創り出す」楽しさこそが学び合い

コミュニケーション教育の土台は、人間関係づくり

三学期に入ると、授業の中で話し合いを取り入れることがますます多くなってきます。五年生に進級した4月当初は、一人ひとりがばらばらで、不安と不信感でいっぱいだった子どもたちも、少しずつ学び合う楽しさを実感するようになっていきました。そして、話し合いの授業を楽しみにするようになりました。

話し合いやディベートの学習では、意見を戦わせ、ぶつかり合う場面が多くなります。教室が安心できる場になった子どもたちは、「人と意見を区別する」ことを心地よく感じながら、活発に論争するようになりました。

二学期には、社会科の授業で「とる漁業と育てる漁業、どちらがよいか」のテーマでディベートを行ったり、国語科の読み物教材「大造じいさんとガン」で話し合いをしました。筆者が一番言いたいのはどの段落かを話し合った後、次のような感想を書いた子どもがいました。

話し合いの授業は、子どもたちが大好きな授業だ。人の意見に納得し、自分の意見を変える姿も潔い。

「わたし一人だけ違う意見を言ってしまいました。でも間違えてよかったです。みんなの意見を聞いて、2倍学ぶことができたからです」

間違いもさらに学ぶ機会ととらえることができる。時には強い口調で意見を戦わせても、授業が終われればいつものように仲良く笑顔で接することができる。子どもたちは「人と意見を区別する」ことが自然にできるようになってきたのです。

学級が熟してくる中で、話し合いも次第に抽象的なテーマを取り上げるようにしました。

例えば、11月末に取り組んだテーマは、「なぜ、5年1組は話し合いができるようになってきたのか」。まず自分の考えをまとめて黒板に書き込みました。子どもたちからは、次のような意見が出されました。

・人の目を見ることができるようになってきたから。
・人に流されなくなったから。

・ていねいに話せるようになったから。
・みんなが全力で考えるようになったから。
・ほかの人がフォローしてくれるから。

「5W1Hができたから」「資料を集められるようになったから」といった、技術的な意見は少数派です。中でも目を引いたのが、次の意見です。

・本当の自分に気づいたから。
・相手の気持ちが想像できるようになったから。
・鹿島田君がみんなを超えてきたから。

鹿島田君は、本書でもたびたび登場している、机にうつぶせて授業に参加せず、学校にノートさえ持ってこなかった子どものことです。相手の成長を認め、自分のよいところに気づいたことが話し合いを成立させた、と考えたのです。子どもたちの意見を読みながら、コミュニケーションの教育には、対話のトレーニングだけでなく、一番土台になる人間関係づくりが必要なのだと改めて思いました。

意見は、自分で「創り出す」もの

教師の中に、学び＝知識の伝達ととらえている流れが、いまだにあるようです。教師は知識のみ教え、子どもはすぐに「答え」を求めようとします。11月に、私の学級の子どもが書いた作文を紹介しましょう。

「今までの授業は、計算の仕方やそういうのばかりでした。でも今はちがいます。例えば、自分の考えを黒板に書いて、みんなの考えを自分もまねしたりしています。みんなで教え合い、助け合いをしています。はじめはとまどいました。今までとちがうと思いました。でも８か月やると楽しいものだと思いました」

話し合いは、それぞれの意見を出し合って初めて成り立ちます。意見は、自分の体験を元に、「創り出す」ものであり、どこかに正解が書いてあるものではありません。子どもたちは、話し合いを通して自分で答えを「創り出す」楽しさを見つけます。そして、友達と意見を出し合って意見を深めていく楽しさを知るのです。話し合いをするとき、子どもたちはみんなワクワクしながら取り組みます。これこそが本当の「学び」「学び合い」なのではないでしょうか。

「学び合い」というと、できる子がわからない子に教えてあげる姿をイメージする方も多いと思います。できる子も教えることで、再度学ぶことができるのだから、お互い学び合うのだと。

子どもたちの意見で埋め尽くされた黒板（カバー写真にも使用）。自分たちの経験をもとに「創り出された」意見は、一人として重なることがない。

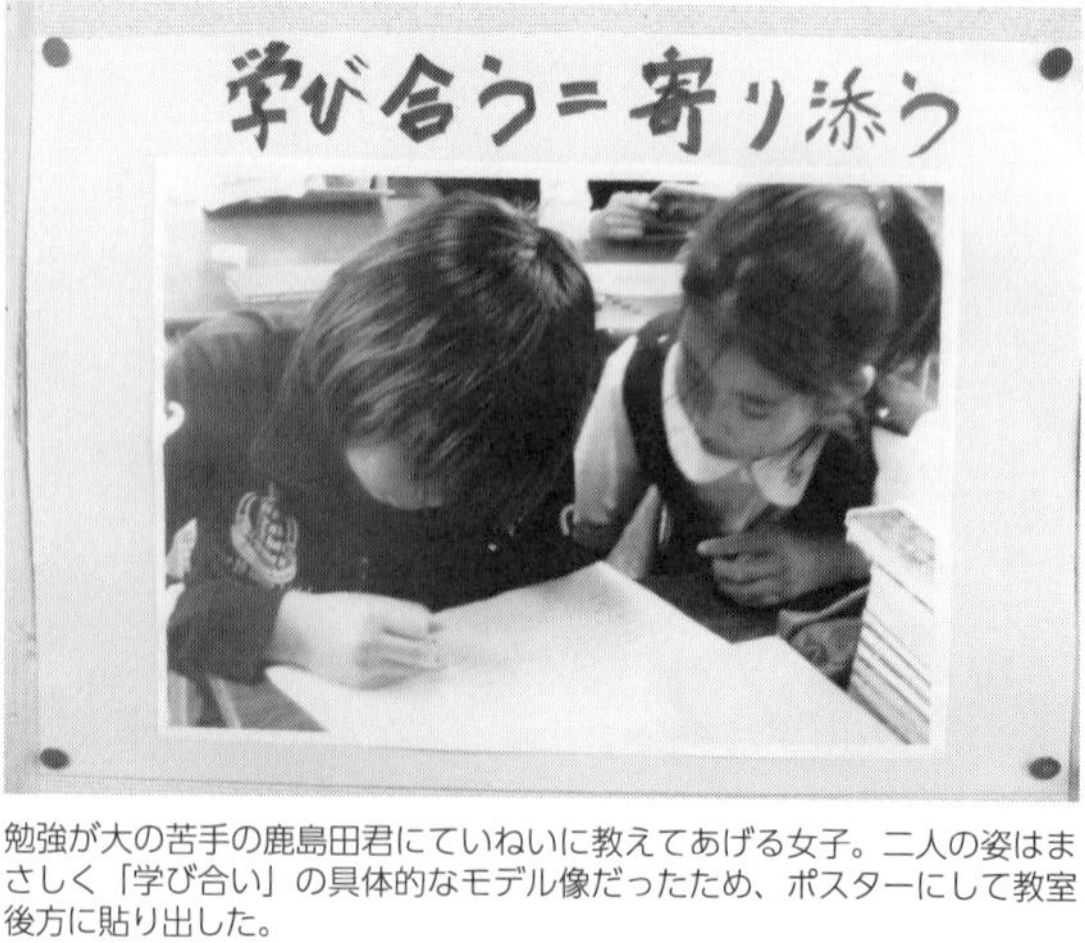

勉強が大の苦手の鹿島田君にていねいに教えてあげる女子。二人の姿はまさしく「学び合い」の具体的なモデル像だったため、ポスターにして教室後方に貼り出した。

しかし、安易な「学び合い」は、教師の目が「できる子が教える」という行為のみに向き、「学びの質」を見落としてしまう危うさをはらんでいます。「理解できた子は、わからない子のところに行って教えてあげましょう」と指示したとき、理解できた子が教えに出向くのは、たいがい「少しヒントを与えればわかる」子のところです。全くわからない子に一から教えるのはとても難しいからです。教師は、子ども同士が教え合う姿を見て、「学び合いができた」と満足するのではなく、学び合いの〝質〟を見極める必要があるのではないでしょうか。

「スーパーA」のスペシャリストを育てる

二学期から三学期にかけて、子どもたちの学びの成長が停滞することがあります。線グラフでいうと、右上がりだった線が、横軸と平行になってしまうような状態です。この停滞は、成長の過程で必然的に起こるものだと思います。再び右上がりの線にもっていくため、子どもたちにさらに高い学びの目標を示していくことが必要です。

この時大切なのは、具体像を示すことです。「もっとよい学級を目指そう」と呼びかけるだけでは、子どもたちに「よさ」の形は伝わりません。

私の学級では、右上がりのAの道よりもっと高い「スーパーA」の道を歩むことをスローガンにしています。「スーパーA」は、学級全体の成長を考えることができる子どもたちです。このようにいうと、勉強も友達関係も全て優れていなければ「スーパーA」になれないと思われるかもしれませんが、そんなことはありません。有田和正先生がおっしゃっている「宿題のプロ」「縄跳びのプロ」のように、その子の秀でたところを「スーパーA」として認めることが大切です。

例えば、いつもにこにこして周りを和ませてくれる町田沙也加さんに、私は「スマイリー町田さん」と名づけ、彼女の天真爛漫な笑顔をほめました。町田さんは四年生の時、携帯電話アプリケーションのＬＩＮＥ上で友達とトラブルを起こしたり、近所の商業施設に迷惑をかけたりするなど問題を抱えて進級してきました。

町田さんはたびたびうっかりミスを起こすなど、全体から見れば決して「スーパーA」ではありません。しかし、過去をいつまでも引きずらず、にこにこ笑顔でいられるのは、まさしく笑顔の「スーパーA」です。よいところをほめることで、町田さんはもっとほかのことも頑張ろうとやる気を出し、周りの子も「スーパーAの笑顔」の具体像を知ることができました。

「あなたはここはよいけれど、ここはだめだね」という評価では、子どもとぶつかってしまいます。全てが完璧な子どもなどいません。その子のよいところを認めて具体的に評価することで、その子も他の子も伸び、結果として「スーパーA」の学級が育っていくのです。

答えは、子どもたちとの日常の中にある

終盤が見えてきた2月に入ると、子どもたちへのかかわり方もこれまでとは違ってきます。例えば、子どもたちのトラブル全てにかかわろうとする「小さな親切、大きなお節介」型の教師が少なくありませんが、スルーも必要です。この時期であれば、子ども同士でしっかりと解決できることが多くなります。

一方、「今日、○○さんがこんなことをして感動した」と、ことさら子どもの「いい話」を取り上げる教師もいます。確かによいエピソードであっても、それを学級経営に生かしていかなければ、フェイスブックで「いいね！」をクリックするのと同様です。大切なのは、教師がしっかりと目標をもち、先を見据えた指導を行うことだと思います。

学級が停滞すると、「果たしてこれまでの指導でよかったのだろうか」と不安になり、他の指導法に答えを探そうとする先生方も少なくないと思います。しかし、繰り返しますが、学級の停滞は、成長の過程で必然的に起こるものです。気を抜いてはいけませんが、全てをマイナスにとらえることもありません。これまで学級が成長してきたのは、教師の指導あってこそです。自分の指導に自信をもち、目の前の子どもとしっかり向き合ってください。

一学期の頃、前髪を垂らしていた子が、髪を結んですっきりとおでこを出してきたこと、ポケットに手を突っ込んで話をしていた子が、天井に突き刺さるくらいピシッと手を挙げたこと、作文を1行も書けなかった子が、1ページびっしりと意見を書けるようになったこと……。全て一学期からずっと指導してきた成果です。答えは、目の前の子どもたちとの日常の中にあるはずです。

よいものを取り入れながら、自分をさらに高めていく。時には自己否定もしながら、常に進化しようとしていく姿勢が教師には大切だと思います。

キーワード

時には自己否定もしながら、進化していく姿勢が必要です。

一人ひとりが内面を見つめ直す〝学級集団〟についてのふり返り

〝学級らしさ〟を生かした学びを

3月に入ると、年度末の修了式まであっという間です。子どもも教師も1年間ともに学び合う中で、〝学級の個性〟が生まれてきたと思います。

ダンス係が中心となって進めた「学級ダンス大会」は大盛況。学級全員が、踊って見て楽しんだ。

私が2013年度に受け持った5年1組も、〝学級らしさ〟があふれるようになってきました。特に目を引いたのが、係活動です。自分がやりたいことに係活動として取り組むもので、三学期には全部で14係になりました。ポスター描きなど日頃の活動に加え、ミニ集会などのイベントを行いましたが、活動を続けるごとに魅力的なものになっていきました。

特に、二学期の終わり頃から、ユニークな活動が見られるようになってきました。

例えば12月半ばには、ダンス係が「学級ダンス大会」を企画して開催しました。８班対抗のトーナメント戦で、〝課題曲〟に乗って、グループダンスを競うものです。

ミニ集会は、いわば学級の〝裏文化〟。目的さえしっかりしていれば、教師は子どもたちを信頼し、任せる姿勢が大切です。とはいえ、近所のダンススクールに通っている子どもたちが中心になって結成したダンス係の提案に、「自分たちだけ盛り上がり、苦手な子がリズムに乗れないのではないだろうか」と多少不安がありました。そこで、私は「クラスみんなが楽しめる集会にすること」と一つだけ条件を出しました。ダンス係は私の条件を受け入れ、ダンス大会に向けて班ごとの自主練習が始まりました。

ドッジボールやゲームと違い、ダンスは得手不得手がはっきり出ます。楽しむためには表現の世界に入り込み、恥ずかしさを乗り越えて、ある意味「バカになりきる」ことも必要です。当日は、全員がぴったりと同じ動きをする班もあれば、クロスした動きを取り入れてフォーメーションで見せる班もありました。クラス全体が大いに盛り上がり、「みんなが楽しめるのかな」という不安は杞憂に終わりました。

この半月後には、全ての係が10分間ずつ発表する活動を行ったのですが、それぞれの係が工夫を凝らし、ユニークな発表会になりました。子どもたちのアイディアと実行力には驚かされました。

学級づくりの核となる「ほめ言葉のシャワー」では、学級の仲間のよさに気づき、自分のよさに気づいた。

係活動は、5年1組の〝学級らしさ〟があふれる取り組みとなり、三学期もさまざまな提案が出されました。

「ほめ言葉のシャワー」やディベート、話し合いなど、私が担任した全てのクラスで目指している「言葉」を軸にした学級づくりと、その学級の〝個性〟を融合させる。こうした取り組みによって、世界に一つだけのオリジナルな学級のカラーが生まれることを改めて実感しました。

5年1組として学び合う時間も残り少なくなったこの時期、よい意味で子どもたちを焦らせ、学びをさらに加速させていきたいと強く思いました。

学級開きと同じように、〝学級閉じ〟を考える

一人ひとりの作文を学級文集としてまとめたり、自分新聞を作ったり、1年間の集大成としてさまざまな実践に取り組まれている先生方も多いと思います。

楽しかった遠足や頑張った運動会、みんなで協力し合ったこと……。1年間のまとめはもち

ろん大切ですが、「個」のふり返り、しかも単なるエピソード探しに傾きがちなように思います。

4月、1年間の学級経営を左右する〝学級開き〟では、どのような学級集団にしていこうかと考えたはずです。それなのに、3月の〝学級閉じ〟では、子ども一人ひとりがふり返る〝個〟に戻ってしまうのはなぜでしょうか。クラス全員が、1年間学び合ってきた「○年○組」という学級についてのふり返りをもっとすべきではないでしょうか。

学級の仲間とのかかわりによって、自分やみんながどのように成長したのか、4月に掲げた学級目標にどれだけ到達できたのか、さらには今後、自分が進む道はどうあるべきなのか。学級をふり返るということは、自分の内面をしっかりと見つめ直す作業なのです。

2012年度に受け持った六年生の学級の話をしましょう。

三学期の半ば、「ほめ言葉のシャワー」はいよいよ最後の一巡りに入っていました。3月に入ってすぐ、卒業を強く意識し始めた子どもたちに、「試練の10番勝負」を仕掛けました。毎日、私が出す「問いかけ」について、各自が「成長ノート」に意見をまとめるもので、時には、全員が黒板に一言ずつ書き出しました。テーマは次の通りです。

第1戦「わたしにとって6年1組とは何だったのか」
第2戦「原田あおいさんのチョンマゲは何の象徴なのか」

第3戦「『成長ノート』はわたしの何をどう育てたのか」
第4戦「なぜ、6年1組では話し合いが成立するのか」
第5戦「言葉（価値語）を得て、自分はどう変わったのか」
第6戦「6年1組を漢字一文字で表すとしたら何か」
第7戦「『ほめ言葉のシャワー』は、なぜ6年1組を変えたのか」
第8戦「6年1組の特徴・特長は何か（生活編）」
第9戦「6年1組の特徴・特長は何か（授業編）」
第10戦「『言葉の力』とは何か」

第2戦で登場した原田さんは、友達と一緒になって何かと教師に反抗していた女子で、いつも前髪を垂らして顔を隠していました。六年生になって徐々に自分を素直に出すことができるようになった原田さんは、ある日、前髪をリボンでキリッと結んですっきりとおでこを出して登校してきました。その姿を、私は「侍のちょんまげ」にたとえたのです。

子どもたちは、原田さんの「ちょんまげ」について、「明るさ」「自分らしさ」「成長」「自らプラスになろうとしている」象徴であると考えました。「前髪をあげる」という何気ない小さな出来事でも、大きなプラスととらえ、不可視の部分を掘り下げて考えることができる子ども

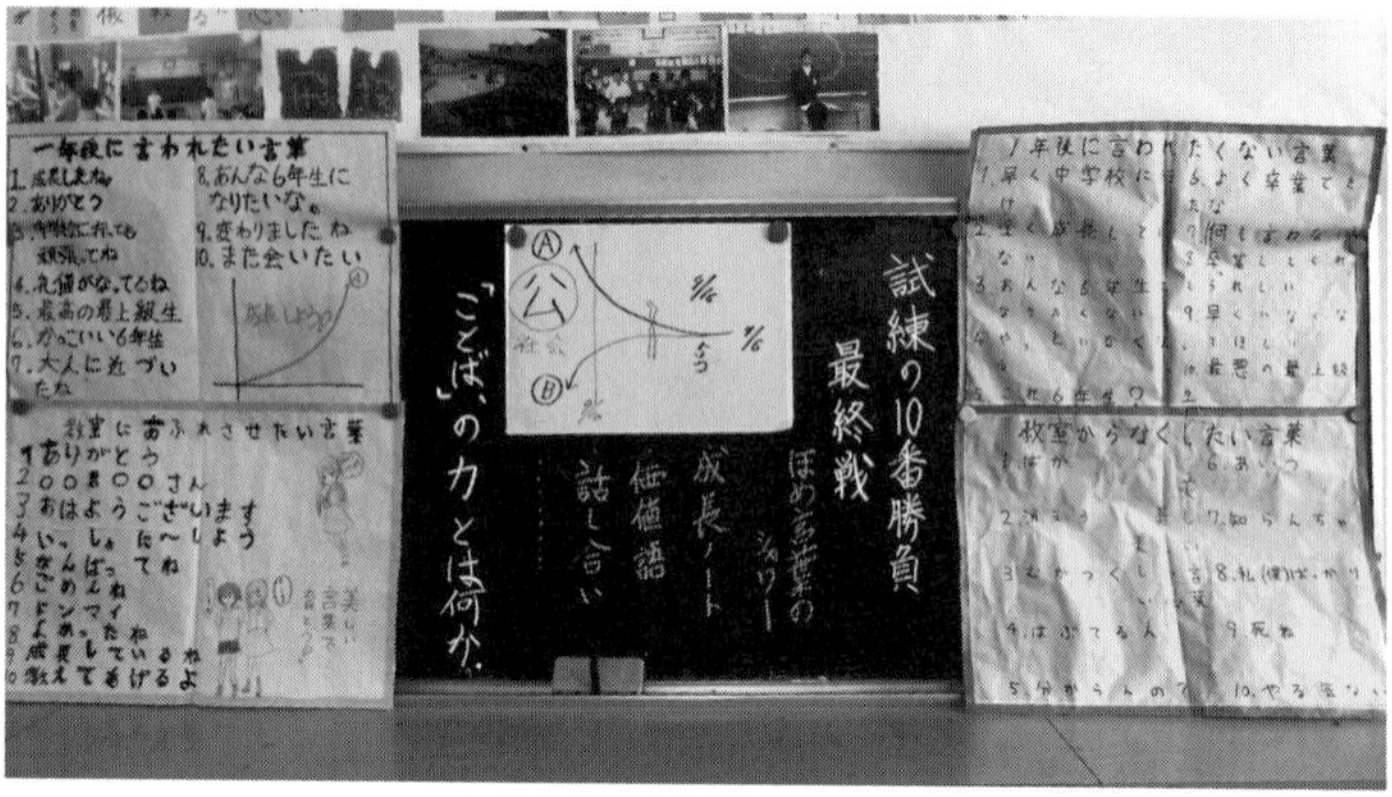

昨年度取り組んだ「試練の 10 番勝負」。卒業式の直前まで、子どもたちは内面を見つめ、友達の意見に耳を傾けて学び続けた。

たちの姿が印象的でした。

「試練の10番勝負」を通して、子どもたちは自分の内面を見つめ直し、学級の仲間の成長をお互いに確かめ合うことができました。学級という空間で仲間とともに学び合ったからこそ、今の自分の成長があることを実感したはずです。これからも、自分が進む道を考える軸となっていくでしょう。

そのことは、教師である私自身にとっても、次の学級経営に生かすための自己評価につながりました。「試練の10番勝負」は、「言葉」「価値ある行為」「話し合いの力」など、私が学級経営の核にしてきたテーマが中心になっています。こうした指導に対し、子どもたちがどのようにとらえていたかをしっかりと受け止めることができたからです。

六年生以外は卒業がないため、このようなふり返りがあまり行われません。しかし、どの学年においても重要な取り組みだと思います。今、一年生を担任しているなら、子どもたちはもうすぐ〝一年生〟を卒業する、五年生なら〝五年生〟を卒業するのです。翌年、クラス替えを控えている学年なら、今の学級で学び合うことは二度とありません。そのことについてもっと考えさせる機会が大切です。

現状維持か、さらなる成長か

学年末まであと1か月しかないから、このまま現状維持でよしとするのか、さらなる成長に向けて新たな指導をするのか。成長が最後まで加速するかどうかの分かれ目です。そして自分自身の指導のあり方が、問われる時期です。

1年間を通して、教師はその時々の子どもたちの姿に合わせながら、臨機応変に指導していきます。「こういう人（子ども）に育てたい」という、教師自身の核になる指導と、目の前の子どもたちの実態に合わせた修正、3月までこの二つを繰り返してきたはずです。ある意味、行き当たりばったりの場面もあったと思います。

こうした修正を「自分の思い通りにいかない」と、マイナスに受け止める教師もいます。しかし教師の思いと現実がずれてしまうのは、子どもたちのせいではありません。学級の実態を

教師は最後の１秒まで指導する姿勢をもち続けることが大切。

十分省みず、子どもたち同士のつながりが切れてしまっているのに、教師の一方的な思い・願いのみを押しつけようとするから、〝自分〟の思い通りにいかなくなるのです。

教師は、子どもに常にエールを送り続ける存在でなければいけません。今からでも、子どもたちの学びを認め、価値づけてあげることが必要です。学級全員と交換し合うメッセージカードや、みんなで一つの作品を作り上げる学級カルタなど、形になるものに取り組み、子どもたちに学びの達成感を与えましょう。

子どもの実態は、マイナスの姿だけではありません。前述の係活動のように、私が思っていた以上に、子どもたちが自分らしさを発揮する場面にハッと気づかされることもあります。

子どもたちには伸び代がまだまだあるはずで

す。子どもたちのさらなる成長を信じて、一つ壁を乗り越えたら、また新しい課題を出していこうと考えています。

子どもたちが成長するためには、どのような指導をしていけばいいのか。最後の１日、１時間、１秒まで考え続けていきたいと思っています。

キーワード

教師は、子どもに常にエールを送り続ける存在でなければいけません。

締めくくりは、新しい学級へのつながりを見通して

全速力で駆け抜ける子どもたち

五年生を受け持った2013年度は、三学期になると、子どもたちの成長が一気に加速していきました。次年度、引き続き六年生を受け持つ予定だったのですが、私はわざと「次は一年生を担任するから、みんなとは3月でお別れです」と告げました。すると、「この学級のみんなともあと少し」という名残惜しさと、もっと成長したいという強い思いで、子どもたちがゴールに向けて全速力で走り続けている様子が見られました。

クラスメートがちゃんと見ていてくれる

最後の「ほめ言葉のシャワー」も終わりに近づいた頃、川口夏穂さんの順番が回ってきました。ほめてくれる子のところまで一人ひとり回りながら話を聴き、お礼のコメントをそのつど

返していました。

鹿島田裕真君が「川口さんは、（からだの弱い）笠井君にとても優しくかかわっていましたね」とほめると、川口さんは次のようにお礼のコメントを返しました。

「鹿島田君も、お母さんが病気になったときはご飯を作っているんですよね？」

鹿島田君がうなずくと、「鹿島田君も過去にいろいろあったけれど、根はとっても優しい人です。だからみんなで支えていきましょう」と川口さんが締めくくりました。実際、鹿島田君は母親が体調を崩したとき、食事の支度などをしていたのです。川口さんたちクラスメートは、そんな鹿島田君の一面もしっかり見つめていたのです。

一人の成長は、みんなの成長

3月、5年1組でも、次のようなタイトルで「試練の10番勝負」に取り組みました。

第1戦「『ほめ言葉のシャワー』で、『スーパーA』とはどのような行為がとれる人か」
第2戦「リバウンドしないで、『スーパーA』のその先に行くために必要なこと」
第3戦「5年1組を漢字一文字、四字熟語で表す」

第4戦「鹿島田裕真君の成長から学ぶべきことは何か」
第5戦「対話力アップ　価値語とわたし」
第6戦「仲良くなれたヒミツは何か」
第7戦「5年1組の特徴・特長は何か（生活編）」
第8戦「5年1組の特徴・特長は何か（学習編）」
第9戦「係活動は、5年1組にとって何だったのか」
第10戦「『言葉の力』とは何か」

第4戦目は「鹿島田裕真君の成長から学ぶべきことは何か」でした。
一人ひとりが黒板に意見を書き込むと、あっという間に、黒板がチョークの文字で真っ白になりました。そこで鹿島田君に前に出てきてもらい、みんなが発表しました。

・宿題をするようになりましたね。
・係活動をさぼらなくなりましたね。
・言葉の最後に「ちゃ」をつけなくなりましたね。
・名前を尋ねられたとき、「裕真」と言わなくなりましたね。
・変に空気を読まなくなりましたね。

このあたりの地域では、語尾に「ちゃ」をつけて話す習慣があります。今までは、公の場でも「知らんちゃ」「うるさいっちゃ」と乱暴に答えていた鹿島田君でしたが、少しずつ「です」「ます」で話すようになっていきました。名前については、いつも周りの大人から「裕真っ！」と怒鳴られてばかりだったため、氏名を尋ねられると反射的に下の名前を答えていたのです。もちろん、今は「鹿島田裕真です」としっかり答えています。

「空気を読まなくなった」と発表した子に、私はなるほどなあと感心しました。彼の場合、「オレがまじめにやったって、どうせみんなは……」と今までの悪いイメージが邪魔をして、変に場の空気を読みすぎてふてくされた態度をとってしまう傾向が見られました。本当はみんなと一緒に笑い合ったり学び合ったりしたいのに、素直になれずにいたのです。しかし、周りのみんなが少しずつ自分らしさを出せるようになり、素の自分を出せる学級になったことで、彼も素直に自分を出せるようになっていったのです。

一人ひとりの発表を聴きながら、うれしそうにはにかんでいた鹿島田君の笑顔は、本来の子どもらしさにあふれていました。

一通り発表が済んだ後、私は「黒板の『鹿島田裕真君の成長から学ぶべきことは何か』というタイトルを変えたいのですが、どう変えればいいと思いますか」とみんなに尋ねました。すると何人かが「『鹿島田裕真君』を『みんな』に変える」と即答しました。

鹿島田君の頑張りは、1組一人ひとりの頑張りでもあり、これからも頑張っていかなければならないことだと、みんなはちゃんと気づいていました。

もう一つの「成長年表」

そして修了式の日。私は子どもたちからサプライズのプレゼントをもらいました。ともに成長を目指し歩んできた5年1組の締めくくりとして、子どもたちが送ってくれたプレゼントは、一人ひとりの心がこもった作文でした。作文には、私への謝辞とともに、自分自身、そして学級全体として成長したことがびっしりと書かれていました。思わず胸が熱くなりました。

一通り作文を読み終えると、バインダーのカバーの内側に何か書いてあることにふと気づきました。バインダーから作文を外して見てみると、内側全面に、5年1組の1年間の軌跡が書いてありました。

「5－1・Story!!!」と書かれた内側には、黒板がチョークで真っ白になるぐらいみんなが意見を書き込んだ「白い黒板」や、鉛筆でびっしり埋め尽くすように書き込んだ「黒い成長ノート」「正しい叱られ方」「自己開示」など、私が教室で示したキーワードとなる価値語を使

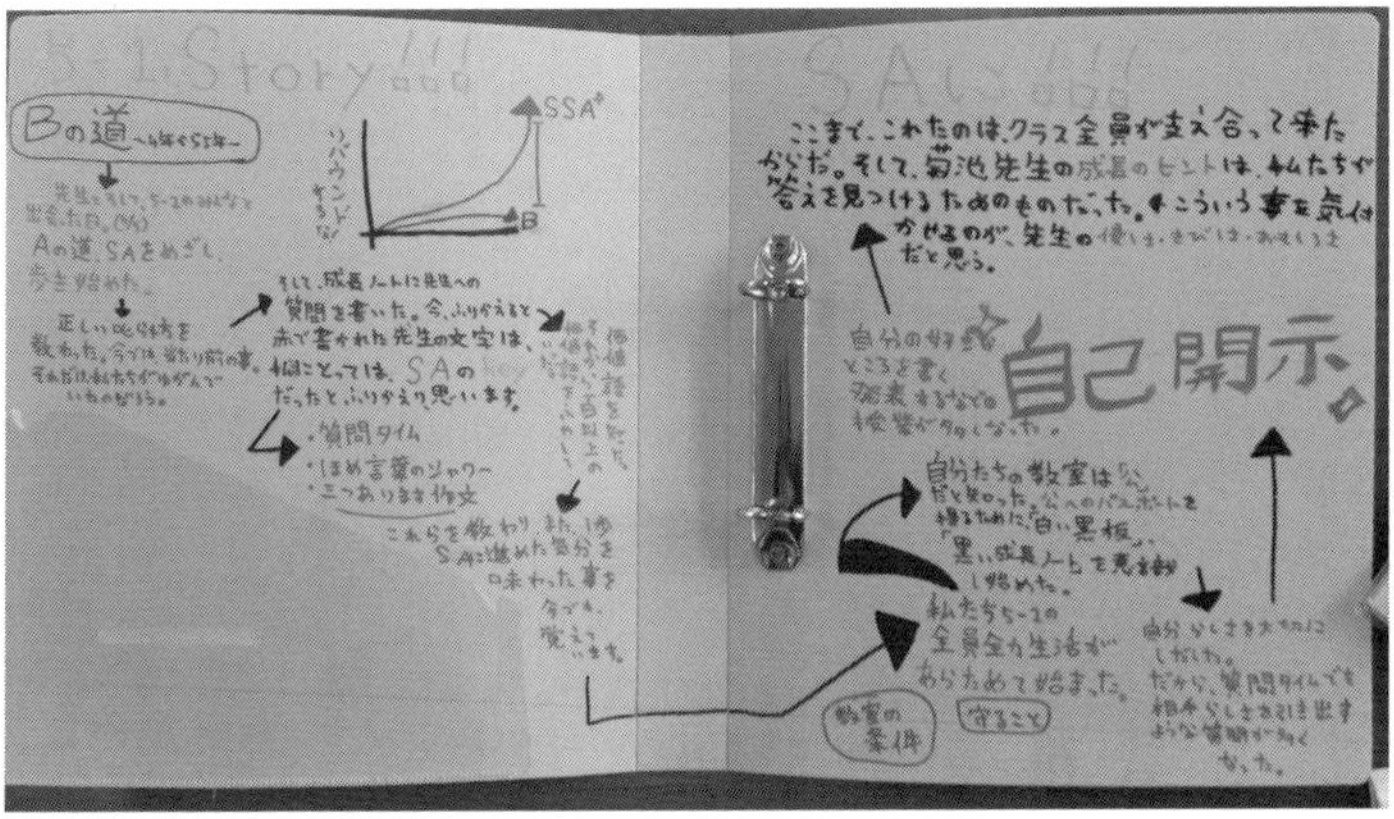

子どもたちからサプライズのプレゼント。作文が綴じてあるバインダーの内側には、「5年1組の成長ストーリー」が書き込まれていた。

って、1年間の成長が記されていました。最後に、「菊池先生の成長のヒントは、わたしたちが答えを見つけるためのものだった。こういうことを気づかせるのが、先生の優しさ・厳しさ、おもしろさだと思う」と締めくくられていました。

それは、教室の後ろに張り出していた「5年1組の成長年表」を子どもたちの側から見た、5年1組のもう一つの成長年表でした。

学級を引っ張っていく子どもの存在

翌年度、私は6年1組を担任することになりました。1学年2クラスあるので、半数が入れ替わったことになります。6年1組で再びダンス係になった宮本佳奈さんは、新しいクラスでも早速ダンス大会の開催を提案しました。

「5年2組だった人は、きっと最初はうまくできないと思います。5年1組も最初はそうでした。でも、二学期の後半ぐらいになれば、きっとできるようになると思います！」

自ら企画して実現させた昨年度の経験を踏まえ、先を見通したこの発言に、私は学級を引っ張っていく「スーパーAの道」を進んでいるなあと感心しました。

宮本さんは、五年生の二学期あたりからめきめき力をつけてきた子です。そんな宮本さんの四年生の頃のニックネームは「野口さん」。マンガ「ちびまる子ちゃん」に出てくる、おとなしくて陰気な野口さんのイメージだったらしいのです。

宮本さんが自分に自信をもつことができるようになったのは、5年1組が安心して自分らしさを発揮できる学級になったからです。新しい6年1組もそんなクラスにしていきたいという宮本さんの思いを知り、私も心強く思っています。

キーワード

一人の成長が、みんなの成長につながっていく学級をつくりましょう。

第3章

菊池流勉強術＆学級立て直し術

―子どもとつながり、子ども同士をつなげる―

教師にとっての真の学びは、日々の教室の中にある

先輩の指導をきっかけに、同僚と開いた勉強会

教師になって今年で33年め。ふり返ると、〝教師・菊池省三〟はさまざまな人との出会いによって育てられてきたなあ、とあらためて思います。若い教師にとって、尊敬できる先輩との出会いは何よりも貴重な財産になります。全国の著名な実践家から学ぶことにももちろん意味がありますが、身近なところで真剣に子どもと向き合っている、信頼できる先輩の存在はとても大切です。

私の場合、最初の出会いは勤務校の教務主任の先輩でした。初任者研修担当として、一学期に1回、授業を見に来てくださいました。一学期は得意な算数、二学期に体育の授業を見ていただいたところで、「三学期は国語の授業をしないか」とアドバイスをいただきました。「普段どんな授業をしているのか、まずは1回見せろ」と、教室の後ろに立たれました。

ちょうど「ごんぎつね」を学習していたところで、授業が終わると次の時間に交替するよう

言われました。授業を引き継いだ教務主任が発問しても、子どもたちは何も答えられない。「今までこういう勉強をしていないから仕方ないね」と、子どもたちに語りかけたのを聞いて、私はショックを受けました。

それまでの私の授業といえば、要所に線を引いたり新出漢字を書いたり、ただ教材を教えるだけ。指導書さえも見ていないような、お粗末なものだったんですね。

「これではいかん」と思い、同期3人と一緒に毎週勉強会を始めました。教務主任にアドバイスをいただきながら、必要な場面ではじっくり子どもたちに考えさせるなど、授業にメリハリをもたせる大切さを学びました。

それまで全く指導方法を知らなかったので、アドバイスがスポンジに浸み入るように入っていきました。似た者同士、若手で気楽に学び合えたのもよかったのでしょう。授業だけでなく、学級経営の悩みを相談し合うこともあり、勉強会は4年間ほどずっと続けることができました。自分の成長が実感できた場です。

「授業は道楽」という、恩師の言葉の深み

学び合う楽しさを実感した私は、その後も教務主任に誘われて特別活動の研究会に参加した

り、国語科の教材研究を考えたり、積極的に学ぶようになりました。そんな時、桑田泰助先生に声をかけていただきました。桑田先生は当時、教育の全国誌に連載を執筆されるほど力量のある大先輩。北九州市の高名な先生に声をかけていただき、嬉しさよりも緊張のほうが大きかったことを覚えています。

恐る恐る勉強会にうかがうと、「6人に声をかけたから、私を入れて『7人の侍』だな」などと冗談を言ってみんなを笑わせてくれました。雰囲気が和んだのも束の間、いざ国語科の勉強会が始まると、私の実践はボロクソと言っていいほど厳しく問題点を指摘されました。そして、一番年下の私が背伸びして答えようとしたとき、桑田先生はこうおっしゃったのです。

「知恵がない者がいくら頭を絞っても知恵は出てこないよ。人と出会い、本を読んで知恵をつけなさい」

それからというもの、先生の話は一言も漏らさない意気込みでノートをとり、話の中に出てきた本を後から購入し、片っ端から読むようにしました。

勉強会の最後に、いつも質問がないか尋ねられるのですが、私は何を聞いていいのかすらわからない。そこである日、「なぜいつも楽しそうに国語の授業をされるのですか?」と、尋ねてみました。すると、桑田先生は「道楽だから」と笑顔で答えました。

若い頃は自分の足下しか見えず、1日をこなすことに精一杯で、授業を楽しむなんて考えもしませんでした。そんな私に、足下だけでなく、もっとずっと先まで見ることの大切さを教えてくださったのです。桑田先生のおかげで、自分の世界が大きく広がりました。

根本を見直すきっかけになった子どもたち

学ぶことの大切さを知った私は、全国の優れた実践に目を向け、研究会に参加するようになりました。自分の実践にも少しずつ自信をもち始めていました。

そんな矢先、自分の根本を見つめ直さざるを得ない子どもたちと出会いました。教師９年目、受け持った六年生に簡単な自己紹介をしてもらったところ、何人かが涙ぐんでしまったのです。他の子どもたちも、話す際の声がか細かったり、落ち着かない様子で体をずっと動かし続けたりしていて、まともに自己紹介ができる子どもは誰一人いませんでした。

このクラスでは静かな学級崩壊が起こっていたのです。崩壊した学級の冷ややかな子どもたちの現実を見た私は、愕然としました。自分に自信をもてず、安心感のない学級をどのように立て直せばいいのか。ゼロどころかマイナスからのスタートです。

教育書からビジネス書まで手当たり次第に読み、研究会でお世話になっている先生方にアドバイスを求めても、納得できる答えは得られませんでした。そんな時、桑田先生から「話すこと」を指導してみたらどうかと助言され、やってみることにしました。

とはいえ、当時はコミュニケーション力を育てる指導の教材や指導法などありません。私は独自に指導方法を考え、無我夢中で「話す」指導に取り組みました。すると、三学期の頃には子どもたちに変化が見られました。仲間とのふれあいを通して、温かい雰囲気の学級になっていったのです。これを機に、私は「言葉」の力を豊かにするコミュニケーション力の指導に一層力を入れるようになりました。

目の前の子どもたちのために授業力を磨く

コミュニケーションの指導を通して、全国の先生方と交流する機会がますます増えていきました。日々の学級経営や授業実践をメールマガジンで全国に発信したりしました。自分の取り組みが評価されるとそれを励みに、もっと優れた実践をしようと試みました。一方で、思うような指導ができないと、一歩後退したような焦りを感じていました。

今思えば、「もっと評価されたい」と、私の目は外に向けられていたのかもしれません。

しかし、いくら優れた教育実践に取り組んでも、目の前の子どもたちの実態に合っていなければ、なんの意味もありません。自分が外で話していることと、教室の子どもたちの実態がずれていることはないか。誰かに評価されるためではなく、目の前の子どもたちが成長するために授業力を磨く。比べるものは、外ではなく自分自身の中にあることを再確認した私は、新たな気持ちで子どもたちに向かうことになりました。

さまざまな問題を抱えた子どもたちに自己肯定感をもたせ、教室を安心できる場にしたいと取り組み始めたのが、「ほめ言葉のシャワー」です。

「ほめ言葉のシャワー」は、その日に対象になった子のよいところをみんなで見つけ、帰りの会で発表し合います。さらに今は、朝の会で対象になった子について全員が質問する、「ミニライフヒストリー」にも取り組んでいます。こうした取り組みの中で子どもたちは相手を認め、自分自身も認められるようになっていきました。

経験が少ない若手の先生は、子どものマイナス面にばかり目が向いてしまいます。でも、子どもたちはプラス面とマイナス面を繰り返しながら、螺旋状に成長していきます。

授業が、目の前の子どもたちとずれていなければ心配しなくても大丈夫。子どもたちは、教師が思っている以上の力を秘めています。そしてある時、一気に成長が加速することもあるのです。

一学期から毎日続けてきた「ほめ言葉のシャワー」や「ミニライフヒストリー」では、三学期になる頃には、「〇〇さんは、この1年間の自分の変化や成長に気づいていますか」など、抽象的な質問が出てくるようになります。レベルの高い応答に驚かされることもしばしばあります。

教育書やセミナー等を通じてさまざまな教育実践を学ぶことはもちろん大切です。でも、本当の学びは教室の中にこそあるのです。子どもたちの成長は、教師にとって自分の取り組みが間違っていない何よりの証です。

指導には「これは絶対」という正解がありません。だから今でも日々気づかされることがあります。それがとても楽しい。桑田先生がおっしゃっていた「授業は道楽」の意味が、最近少しわかってきたような気がしています。

キーワード

子どもたちの成長こそが、教師の取り組みの証です。

継続した学び合いの「場」で、教師の学びを高める

明日の授業に生かすことができるか

夏休みなどの長期休業を活用し、行政や民間主催のさまざまな研修会・研究会に参加される先生方も大勢いらっしゃることでしょう。私も若い頃は、あちこちの研究会に参加した記憶があります。研究会に参加した直後はいろいろ学んだことに刺激を受けるのですが、やがて不満がたまっていくことに気づきました。

不満の原因は、参加するだけではどうしても受け身になってしまいがちになることにありました。今、自分が抱えている課題に沿ったテーマを選んで研究会に参加しても、自分のニーズに全て応えてくれるわけではありません。受け身の参加では、「行かないよりは、ましかな」というレベルで止まってしまいます。

一方、講師としてお招きいただき、さまざまな研究会で講演しても、やはり不完全燃焼な気持ちは残っていました。私の話が、果たして今日参加してくれた方の課題やニーズに十分応え

るものだったのか、参加者の血となり肉となったのだろうか、と。

明日の授業に生かすことができるか。研究会に参加する意義はその一点に尽きるのではないでしょうか。知識として頭に残っても、実際の自分の教室が変わらなければ、単なる自己満足にすぎません。また、一度きりの研究会では、本当の学びになり得ません。学びが継続していく場をつくる必要性を強く抱くようになりました。

1週間のフィードバックの場として

このような思いから、一人ひとりが抱える課題を出し合い、解決につながるヒントを得ることができる学びの場として、「菊池道場」が生まれました。

私の考えに賛同してくれる地元の先生方と、まずは月に1回、平日の夜に地元の市民センターを借りて勉強会を始めました。勉強会の開催はその後2週間に1回になり、やがて毎週行うようになりました。

回を重ねるごとに学び合いへの欲求は高まり、「もっと時間を気にせず勉強できる場がほしい」という声が多くなってきました。自分自身ももっと学びたいと思い、数年前、勉強のために部屋を借りることにしました。これが、「菊池道場」の始まりです。

それから、中身の濃い勉強会が始まりました。毎週金曜日の午後7時にスタートし、翌朝の3〜4時までノンストップ。学級の子どものこと、指導法のこと、授業のこと、職場の人間関係のこと――。「菊池道場」では、時間を気にすることなく、それぞれが抱える課題を自由に語り合うことができるようになりました。

私も、自分の学級の実際の様子を写真や資料に残して、参加者に提示しています。「自分の「菊池道場」での学び合いの中心は、「言葉」の指導です。子どもの作文や授業の映像、毎日の指導記録など、各自が持ち寄った資料について、侃々諤々の話し合いを行います。

私も、自分の学級の実際の様子を写真や資料に残して、参加者に提示しています。「自分のクラスからなくしたい言葉・あふれさせたい言葉」「ほめ言葉のシャワー」などの授業を提案してきました。若い先生方に「教える」だけではなく、自分自身の「学び」の時間にしようと考えているからです。

やがて、自分の授業に取り入れ、その成果を発表してくれる先生方が増えてきました。先生方は、「毎日の指導が変わった」「子どもたちへの見方が変わった」「子どもたちの成長がわかるようになった」と話してくれるようになりました。

さらに、「毎週、この道場があるおかげで、心が折れそうになったときも我慢できる」「この道場で学んだことが、自分を奮い立たせてくれる」と話してくれるようになりました。

金曜日の道場を週末の反省の場にするのではなく、1週間のフィードバックの場と位置づけ、翌週の活気ある指導へとつなげていくのです。この姿勢が、参加者の熱意を持続させているのではないかと思っています。

さまざまな人が参加するオープンなセミナーに

最近、菊池道場では新たな研究会の開催に取り組みました。道場の〝門下生〟3人の先生による〝授業バトル〟です。

一人15分間の模擬授業を行い、研究会の参加者にジャッジしてもらうもので、普段、道場に集まっている先生方も一層力が入りました。

かつては、模擬授業を行う研究会が全国に数多くありましたが、最近ではあまり行われなくなりました。模擬授業の醍醐味は、生の〝授業〟を見せることにあります。たった15分間の、しかも一度きりの授業。そこには、年間1000時間の授業のもとになるものが凝縮されています。

授業者にとって自分を磨く大きな機会になることはもちろん、〝生徒〟として生の授業を受ける参加者にとっても、得

菊池道場主催のセミナーで、初「授業バトル」に挑戦。授業者も参加者も大きな刺激を受けた。

るものは大きいはずです。２週間前、１週間前、前日の３回、実践者３人が道場で練習を行い、お互いに評価し合いました。練習もまた、大きな学びの場になりました。

当日、約１４０人を前に３人は堂々と戦い抜きました。練習の時とは全く違う、会場の張りつめた空気を肌で感じつつ、その場で軌道修正を加えながら授業を行った経験は、きっとそれぞれの明日の授業に結びついていくことでしょう。

一方、参加者からも、「たった15分間の授業でも、先生方の思いや力が伝わってきた」「改めて自分の実践をふり返るよい機会になった」といった感想が多く寄せられました。

初めて取り組んだ「授業バトル」は、今後、菊池道場主催のセミナーの大きな看板の一つにしていきたいと強く思いました。その際は、菊池道場で学ぶ先生方がバトルをするだけでなく、必ず開催地の先生にも授業バトルに参加してもらおうと考えています。

研究会のメンバーだけで盛り上がるような閉鎖的なセミナーでは、かつて私が不満を抱いたものと何ら変わりません。さまざまな考えをもった方に参加していただき、お互いを切磋琢磨する、そんなオープンなセミナーを目指していきたいと思います。

もちろん、今までのように「言葉」を中心にした私の実践を話す取り組みも続けていきたいと思います。

教師だけでなく、さまざまな立場の方がそれぞれの分野で、「言葉」を大切にした活動に取り組んでいただければいいなあ、と願っています。
広げる・深めるの2つの視点があってこそ、「学び合い」はより充実していくのです。

キーワード

知識を得ても、実際の教室が変わらなければ、単なる自己満足にすぎません。

「ほめ言葉のシャワー」全国大会開催で実感した、教師の学び合いの必要性

学級経営に高い関心が寄せられている

夏休みはあちこちからお招きいただき、ここ数年、鹿児島から北海道まで全国を飛び回って〝講演ツアー〟を行いました。全国各地で大勢の方と出会い、私自身も多くのことを学びました。

こうした研究会をふり返ってみると、多くの先生方の関心が、基礎学力向上などの学習指導より、学級経営や人間関係づくりの方に向いているように感じました。

発達障害を抱える子や外国にルーツをもつ子、複雑な家庭背景など、さまざまな問題を抱えた子どもたちをどのように指導していけばいいのか、教室の温かい人間関係をどのように築いていけばよいのか――。壁にぶつかって悩み、少しでも明日の

講演では、日々の教室の子どもたちの具体的な姿を話す。

指導につながるヒントを求めて、参加している先生方の切実な思いを知る機会となりました。

「ほめ言葉のシャワー」の基本になる「ほめ合うサイクル」

私の講演を聴いたり著書を読んだりして、「ほめ言葉のシャワー」を自分の教室でもやってみたいという嬉しい声をあちこちで聞きました。それと同時に、実際に取り組むにはどのようなことが必要になるのか、という質問が数多く寄せられました。

「ほめ言葉のシャワー」は、一人ひとりのよいところを見つけて、クラス全員がほめ合う活動です。一人1枚の日めくりカレンダーを使って、その日のカレンダーを描いた子が、帰りの会で教壇に上がり、クラス全員からほめ言葉の〝シャワー〟を浴びるというものです。1年間で4～6巡できます。

「ほめ言葉のシャワー」は、原則として「事実・一文＋気持ち・一文」で、次々と自由に起立し発表します。一巡めはまだ慣れていないので、書いたものを読んだり、列ごとに順番に立ってスピーチしてもかまわないことにします。全員が「ほめ言葉のシャワー」を話し終わったら、シャワーを浴びた子が、お礼や感想のスピーチを述べます。帰りの会など10～15分の時間があればすぐにできるのですが、「いざ取り組むとなると難しい」という声が聞かれます。

図３〈ほめ合うサイクル〉

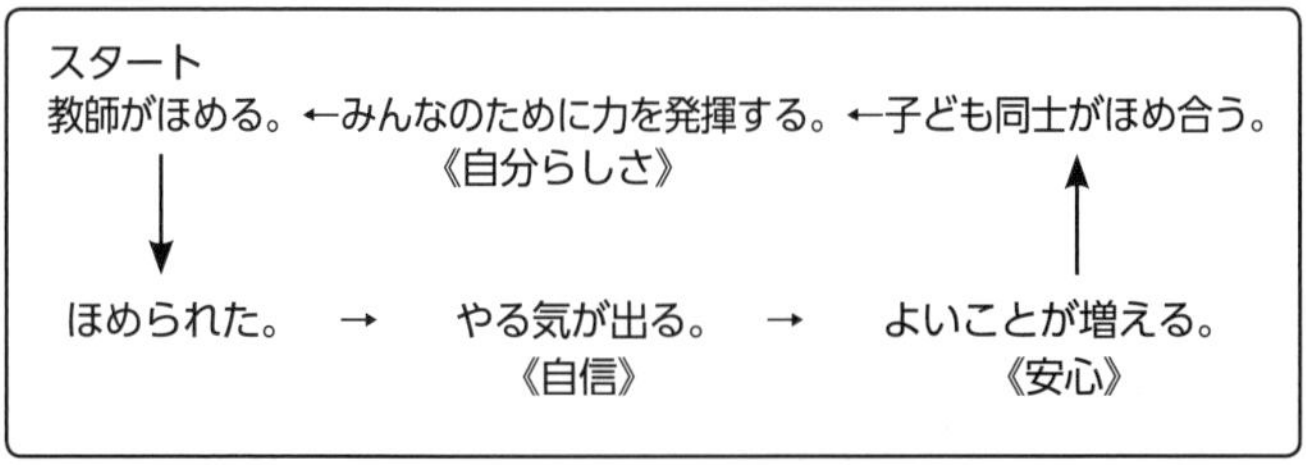
スタート
教師がほめる。←みんなのために力を発揮する。←子ども同士がほめ合う。
《自分らしさ》
ほめられた。→やる気が出る。→よいことが増える。
《自信》
《安心》

なぜでしょうか。「ほめ言葉のシャワー」が教室に根づくためには、教師と子ども、子ども同士の人間関係づくりが土台に必要なのです。

「ほめ言葉のシャワー」をスムーズに進めるために、私はまず教室に「ほめ合うサイクル」をつくります（図３）。ある日突然、子どもたちに「お互いのいいところを見つけてほめ合おう」と呼びかけても、すんなりうまくいくわけがありません。どのような視点でどうほめればいいのか、まず担任が子どもたちに具体的な姿を見せる必要があるのです。するとほめられた子どもは徐々に自分に自信をもち、相手をほめたいという気持ちが芽生えます。ほめ合う関係が生まれることで、「ほめ言葉のシャワー」は初めて成立するのです。

私が示した「ほめ言葉のシャワー」はあくまでも原型です。その通りにやらなければならないものではありません。あとは、先生方が自分の学級に応じて、自由に工夫して取り組んでくだされぱいいのです。例えば、少人数担当の先生ならば、授業後に「今日の授業で頑張ったことをみんなでほめ合おう」と取り組む方法もあるでしょう。実践者の数だけ、「ほめ言葉のシャワー」の指導方法があるのです。

全国に広がる「ほめ言葉のシャワー」

２０１３年８月末に大阪で初めて開催された、「ほめ言葉のシャワー」全国大会では、さまざまな実践例が報告されました。

大阪府の先生は、担任している三年生のクラスで、「ほめ言葉のシャワー」を始める前の「シークレットフレンズ」「ほめ言葉サーキット」「ペアトーク」という取り組みを紹介してくださいました。「シークレットフレンズ」は、配られた紙に書かれている名前の子どものよいところを見つけるもの、「ほめ言葉サーキット」は、友達のよいところを紙に書いて届けるもので、みんなの前で発表する前段階として、〝書く〟作業を取り入れたのが特徴です。その後、隣の席同士で、お互いのよいところをほめ合う「ペアトーク」を経て、「ほめ言葉のシャワー」に入るのです。

第１回「ほめ言葉のシャワー」全国大会では、さまざまな場での実践が報告された。

このほか、学校全体で取り組んでいる熊本市の小学校や北九州市の幼稚園での実践例が報告されました。「ほめ言葉のシャワー」が、さまざまな形で広がり始めていることを実感した貴重な場となりました。これからも一層、進化・深化していくことを願っています。

講演と授業をセットで

「ほめ言葉のシャワー」全国大会は、普段、菊池道場で学んでいるメンバーの成長を感じた場でもありました。

実践報告の後、テーマごとに設けたテーブルで自由に意見を交わし、時間になったら他のテーブルに移動して再び意見を交わし合う「ワールドカフェ」形式で、「ほめ言葉のシャワー」を成功させるために必要なことについて話し合いを進めました。

「教師がほめる視点」「発表できない子どもへのアプローチ」「ふざける子どもへの対応」など9つのテーマが設けられました。それぞれのテーブルで進行役を務めたのは、道場のメンバーの先生方です。当日新たにテーマを設けるなど、かなりアトランダムな進行となったのですが、メンバーの先生方は戸惑うことなく、意欲的に進めてくださいました。

毎週行っている道場での本音の話し合いや、道場主催のセミナーで行われる「授業バトル」で、確実に力をつけてきたメンバーの先生方の自信が、形となって出てきたのではないかと、菊池道場の同じ〝仲間〟として誇らしく思いました。

全国各地で次々と生まれている菊池道場「支部」のメンバーの方々との交流も刺激になりました。私が全ての支部に継続的に出向くのは、時間的にも物理的にも不可能です。それぞれの支部が自主的に学びを続けてくれたらいいなあ、と願っています。

例えば、大阪支部では、私の授業映像や資料を中心に学習会を開き、多くの参加者があったと聞きました。支部での学び合いも、さまざまな形があるのだなと改めて思いました。

私自身も、講演会で話すだけでなく、授業もしてみたいと思っています。実際、土曜日の授業参観日に授業と講演をセットにした講演会にいくつか取り組みました。多くの参加者の視線を受けながら、初めて出会う子どもたちに授業を行うには、大きなエネルギーが必要です。そのプレッシャーを跳ね返す強い力をつけ、目の前の私の学級の子どもたちに返していくことが、私自身のさらなる学びとなるのです。

キーワード

実践者の数だけ、「ほめ言葉のシャワー」の指導方法があるのです。

ほめる視点で学級崩壊の芽を摘む

マイナス情報をプラスにする材料に

新年度、新しい子どもたちとの出会いに胸を膨らませ、意気込んで教室に入ると、子どもたちの冷めた視線が自分に向けられていた――子どもと教師の温度差に驚かされた若手の先生の話です。

子どもなら誰もが希望に満ちあふれ、意欲的で、教師を全面的に信頼しているというわけではありません。特に、それまで荒れた学級で過ごしてきた子どもたちの場合、不安と不満でいっぱいなのです。

「子どもたちとすぐに打ち解けて、みんなが協力し合ういいクラスをつくっていこう」と楽観的にとらえ、子どもたちとの温度差に気づくことなく、一方的に引っ張っていこうとすると、やがて子どもたちとの間に小さな亀裂が生じてきます。そしてふとしたことをきっかけに、学級が荒れてしまうのです。教師と子どもたちとの信頼関係が十分に築けていないからです。

まず教師と子どもが強くつながることが大切。

　一学期中は、教師が一人ひとりの子どもとしっかりとつながり合う、大切な期間です。

　２０１３年度に受け持った5年1組では、学級目標ができたのは6月に入ってからでした。教師と子ども一人ひとりがつながり合い、仲間とのつながりを意識するようになった6月、ようやく自分たちの目指す道である学級目標を実感できるようになったのです。このように、時間がかかるケースもあるのです。

　新年度早々に、〝学級全員〟〝みんな〟を意識させることは必要ですが、まだ、学級づくりの中心ではありません。むしろ、それらを前面に出しすぎると、逆効果になるケースもあります。「クラスみんなが協力し合う」は、口で言うほどたやすくできるものではありません。まずは、一人ひとりの子どもとのつながりを強くしていきましょう。

　子どもとしっかりつながるということは、その子の内面にアプローチすることです。その際、前年度の指導要録を読んだり、前担任から話を聞いたりして、その子の情報を得ることは当然必要です。でも、私の場合、過去の情報は心に留めておく程度にしています。問題を抱えている子どもはどうしてもマイナス情報が多くなります。このマイナス情報に引きずられると先入観をもち、子どもとうまくつながることはできません。子どものマイナス情報は、むしろほめる材料として使うようにします。その子の行動をほめるとき、「昨年は○○だったけれど、今年はこうなったよ。すごく成長したね！」と比較してほめるのです。

マイナス情報を〝問題〟として受けとめるのではなく、プラスにする材料として活用する。そう心に留めておくといいでしょう。

「価値あること」を具体的に示す

新学期早々、冷ややかに教師を見たり、わざと指示と逆の言動をしたり。このようなマイナスの行いを見せたとき、教師は即座に反応し、対抗してはいけません。自分の思いを素直に表現することに慣れていないため、わざと斜に構えた態度をとってしまうこともあるからです。むしろ「ああ、この子は変わりたいんだな」とその子が新しい担任や学級に期待を抱いているのだと受けとめましょう。

そういう子に対しては、真正面からぶつかるのではなく、一歩引いて〝すかす〟形で対応します。例えば、プリントを配ったとき、「林君は、プリントをていねいに二つ折りにしました。勉強を頑張ろうという姿勢が見られていいですね！」とみんなの前でほめます。

子どもは「えっ、こんなことでほめてくれるの？」とびっくりし、照れた表情になります。

周りの子も、いつも叱られている林君がほめられたことに驚くとともに、「プリントをていねいに二つ折りすることは、勉強を頑張ろうとする姿勢の表れだから意味があることなんだ」と価値に気づき、次から真似をしようとします。

いいところを見つけ、みんなの前で価値づけをしてほめることで、周りもほめられた意味を理解していくのです。「価値あること」を具体的に示して、子どもたちをプラスの方向に導いていく仕掛けも必要です。

即効性を期待しない

若手教師たちに多いのですが、指導後、期待通りに子どもたちに効果が出ないと焦ってしまうという話を聞きます。しかし、子どもたちへの指導に、即効性を期待してはいけません。あるべき姿を示し、子どもたちも理解したからといって、そう簡単に変われるものではありません。確かに、子どもたちはその場ではわかったつもりになっています。子ども自身も変わりたいと思っているからです。しかし時間が経てば、また同じ失敗を起こすことがよくあります。そんな時、「全然わかってないじゃないか」と子どもを叱ったり、指導がよくなかったのだと落胆したりしても仕方ありません。

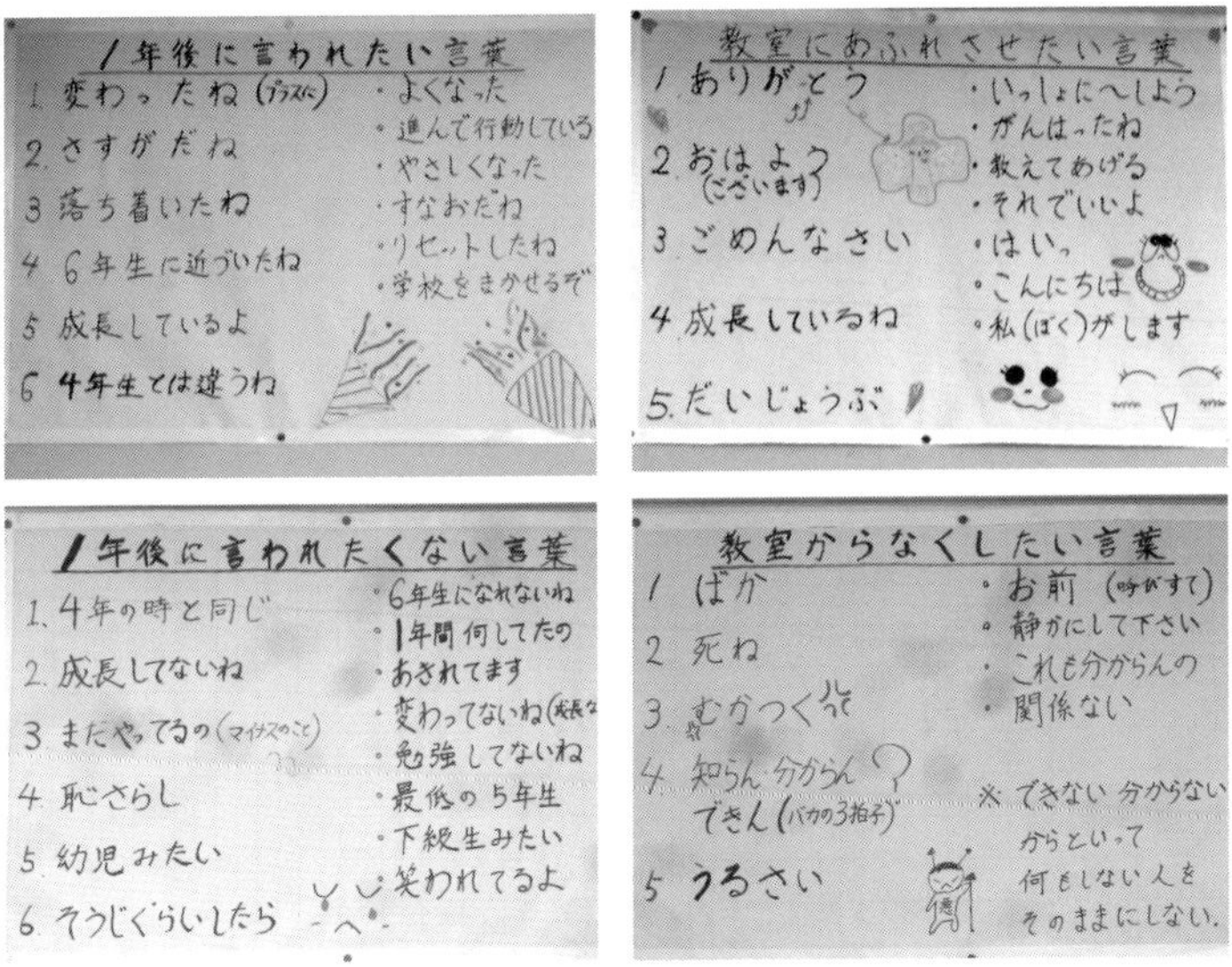

教室に貼り出し、１年後の目標をイメージさせる。

即効性を期待すると、理想と現実にギャップが生じ、教師の思いと目の前の子どもたちがずれてきます。この小さなずれに気づかないままでいると、いつしか軌道修正ができなくなるほど大きな溝になってしまい、学級崩壊の要因になってしまうのです。

教師は、1年間というスパンで見通しを立て、「1年後にできるようになっていればいい」と余裕をもちましょう。私がいつも子どもたちに示している成長曲線があります。毎日の努力が、最後には大きな成果となって表れるという、学びの動機づけとなる図です。最後のほうで一気に上昇角度になる曲線も、最初のうちは、ほとんど横軸と平行しています。

これを頭に入れ、即効性を求めないようにしましょう。

子どもたちに自分の成長を可視化させるのもいいでしょう。私の学級では、4月に子どもたちから「教室にあふれさせたい言葉」「教室からなくしたい言葉」「1年後に言われたい言葉」「1年後に言われたくない言葉」を挙げさせ、1年間教室に掲示しておきます。また、「成長年表」を作り、学級のトピックスがあるたびに項目を貼り足していきます。子どもたちに、1年後の〝未来像〟を示すことは、とても意味があることだと思います。

客観的な視点で日々のふり返りを

学級づくりにおいては、教師の日々のふり返りが必要です。特に4～5月は、毎日のふり返りが重要になります。

子どもの姿のいい面、あるいは悪い面ばかりとらえてしまうと、偏った指導になってしまいます。例えば、気になる子どもに対していつも悪い面ばかり見ていると、言動をやめさせることばかりに目が行き、その子のいい面を見逃してしまいます。一方で、「今日子どもたちはこんなことができるようになった」と、子どもたちのいい面ばかりに焦点を当てると自分の指導への慢心につながります。どちらも、成果を早く出したいための自己満足であって、教師の日が、子どもたちにではなく、外に向いているのです。

ふり返りには、客観的な視点が必要です。同じ学年同士の先生方でお互いを見合うことができればいいのですが、一人の場合、客観的に見るのはなかなか難しいかもしれません。

そこで、子どもたちの姿を記録しておくことが大切になります。文章にし、翌日改めて読み返すようにするのです。書いた直後は主観的でも、１日置くことで冷静な判断ができるようになります。

また、教師の自己分析に使うため、子どものプラス面とマイナス面をチェックする方法もあるでしょう。

例えば、４月ならば、次のような視点が考えられます。

①切り替えのスピード

立つ―座る、書く―聞く、始め―やめの指示、個人―グループの机の並べ替えなど

②姿勢

立つ、座る、聞く、視線、挙手

③ていねいさ

プリントをきちんと折る、自分の名前の書き方、字の書き方、間違えたときの直し方

④学習規律 授業始めと終わりの挨拶、授業の準備

視点を3～4つくらいに絞って、この中から一人ひとりの子どもにつきプラス面を6つ、マイナス面を4つ挙げます。この時、プラス・マイナス両面の数を全員揃えること。そうしなければ、問題が多い子はマイナス面ばかり、問題のない子はプラス面ばかりに目が行きやすくなるからです。

チェック項目は、具体的な事実に絞り、その良し悪しの質は問わないこと。質を入れると、どうしても教師の思いが入ってしまい、抽象的なものになってしまいます。このチェックは、あくまでも自己分析をするための基礎資料です。具体的な事実のみを記録することが必要です。これなら、大きな負担を感じることなく毎日続けられるでしょう。

チェックする視点を絞ることで、子ども一人ひとりの変化がわかります。また、全体の傾向もとらえることができます。自分の指導の弱いところや、力を入れるべきところが客観的に見えてくるでしょう。

〈学級崩壊を引き起こす「気になる芽」チェック表〉

		個人	集団
生活			
	①	教師が注意をすると、舌打ちをしたりふてくされたりする。	数名が群れていつも行動しようとする。
	②	配布プリントや手紙を雑に扱う（持って帰ろうとしない）。	休み時間になると、人目がつかないところに行こうとする。
	③	授業開始の時間を守らなくなる。	支援を要する子どもの言動を笑ったりバカにしたりするようになる。
	④	挨拶の声が小さい、気づかないふりをする。	一人が注意されると〝仲間〟で目を合わせるようになる。
	⑤	教師が近づくと避けるようになる。	教師の指示よりも、〝仲間〟との話や動きを優先する。
規律			
	①	禁止されている文房具を持ってくる。	〝仲間〟と机をくっつけようとする。
	②	行動の切り替えが遅くなる。	数名で席替えを要求する。
	③	わかっていることでも手を挙げなくなる。	教師のミスを嘲笑するようになる。
	④	ノートに書くふりをして授業に参加しなくなる。	教室移動のときに〝仲間〟で集まり、並ぶのが遅くなる。
	⑤	友達や教師の話を、目を見て聞かなくなる。	禁止されている同じ持ち物を〝仲間〟で持とうとする。
学習			
	①	授業と関係ない話を始める。	時間割を好きな学習に変えるように数名で要求する。
	②	授業中の友達への声かけが乱暴になる。	〝仲間〟と席が離れていても話すようになる。
	③	自分の考えを書かなくなり、ノートの文字が雑になる。	周りの友達の顔色をうかがいながら、挙手しようとする。
	④	全体への指示だけでは行動しなくなる。	話し合いでは、個人の考えではなく、みんなの考えに合わせようとする。
	⑤	1時間の中で同じ注意を受けることが多くなる。	〝仲間〟の失敗を過度にかばおうとする。

毅然とした態度で臨むことも必要

子どものいいところを見つけ、一人ひとりの子どもとつながることは大切です。ただし、次のような時は絶対にだめだという毅然とした態度で臨むことが必要です。

①教師に対する不遜な態度

照れくささの裏返しとは明らかに違う態度を指します。バカにしたものの言い方や無視、若い教師に対してタメ口で話すことです。

いじめ問題が起きたとき、「そんなつもりはありません」といじめた子どもが教師の追及から逃れようとすることがあります。この時、教師は「いじめかそうじゃないかを決めるのは、先生です。あなたたちではありません」と断言することが必要です。

素直になれない子どもの心の奥を考慮することは必要ですが、だめなものはだめだとはっきり示さないと、子どもは理解できません。

②時間を守らない

③忘れ物をする

この2つは、社会に出たとき、相手から信頼を失うほど大切なことです。周りにも迷惑をかける行為です。

忘れ物をしたとき、「隣の人に見せてもらいなさい」「隣の人は見せてあげなさい」と指示する教師がいますが、本来この2つの指示は同列に並べるものではありません。そもそも悪いのは忘れた人であって、隣の人が見せてあげなければいけない理由はないのです（思いやりの気持ちは別として）。教師はこうしたルール違反に対し、メリハリをつけて注意すべきです。

④掃除や給食など、当番をさぼる

みんなのために働くことは、集団生活に必要不可欠です。こうした分担を安易に逃れようとすることを認めてはいけません。

かつてはどこの家庭でもこういう生活規律をしつけていたのですが、今はそういう時代ではありません。家庭でしつけられず、いきなり学校で〝公〟のルールを出しても実感できないのが現状です。

お互いに信頼関係ができてくる中で、〝相手への思いやり〟の気持ちが生まれてきます。相手を思いやる気持ちがまだ十分でない4月、〝公〟を少しずつ意識させながら、子ども同士の人間関係づくりをしていくことが大切です。

いうまでもなく、学校は〝公〟の場であり、社会を教える場でもあります。教師は〝子ども〟を育てるのではなく、〝人〟

お互いを認め合えるようになると、教室が安心できる場になる。

を育てるという自覚をもつことが大切です。

キーワード

「学校は公の場」であることを子どもに意識させる必要があります。

「荒れた集団」を立て直す学校・学級経営術
学校は「公」の場であることを毅然と示す

教師と子どもが、「教える」「教わる」関係になっていない

学校全体が困難を抱えている場合、教職員が個々に動くだけでは解決するのは難しいでしょう。校長をはじめ、全教職員が一体となって同じ方向に向かわなければ、立て直すことはできません。

学校は「公」の場であることを毅然と示す態度と、学校全体のシステムの見直しという２つの視点から、学校を立て直す糸口を見つけていくことが必要です。

学校は、言うまでもなく「公」の場です。教室という空間で、決められた時間やルールを守り、仲間とともに楽しく気持ちよく学び合うのが学校です。ところが、荒れた学校・学級では、公の秩序が乱れていることがわかります。

例えば、教師と子どもが、「教える」「教わる」関係になっていません。集団としての規律が保たれず、教師と子どもが、あたかも「一つの大きな家族」のようなかかわり方をしているの

です。「家族」というと聞こえがいいかもしれませんが、家庭は私的な場です。公的な場である学校・学級とは対極にあるはずです。

こうした状況に陥っている学校・学級を再び公的な場として立て直すためには、①言葉づかい、②時間の厳守、③グレーゾーンの時間帯に関する共通理解、の３つのポイントが重要であると考えています。

呼び方の基本は、名前ではなく名字で

まず、言葉づかいです。

荒れた子どもへの対応に追われる毎日が続くと、お互いに尊重し合い、認め合うために必要な「言葉」への意識が薄れてしまう傾向があると感じています。私が主宰する菊池道場に参加している先生方と荒れた学校の問題点について話していると、言葉づかいの乱れがよく話題に上ります。困難な問題を抱えている学校では、教師同士、教師と子ども、子ども同士のいずれも、言葉づかいが乱れているように感じます。

言葉づかいの乱れは、「呼び名」から始まるのではないかと私は考えています。学校での呼び名の基本は、「〜さん」「〜君」と名字を呼ぶことです。できればフルネームが望ましいでし

ょう。

しかし周りを見渡してみると、教師が名前で子どもを呼んだり、子どもがニックネームで教師を呼んだりする場面をよく見かけます。「親しみを込めて名前を呼んでいる」という理由は、「子ども愛の自己満足」にすぎません。

もちろん、個人的な場面であればかまわないと思います。生徒指導上、子どもに心を開いてもらうため、親しみを込めて名前を呼ぶことも一つの方策でしょう。でも、それはあくまでも個々のかかわり合いの中に留めておくべきです。教師同士も同様です。たとえ職員室でも他の人がいる場では、名字を呼ぶべきでしょう。

新しい学級を受け持ったとき、私はある子どもをほめようと、近くまで行って氏名を尋ねました。すると、その子はびくっとしながら、「裕真」と名前を答えたのです。鹿島田裕真君は以前から問題行動を起こし、教師からしばしば怒られていました。この時も、何か怒られると思って萎縮したのでしょう。とっさに名前を言ったのは、教師にいつも「裕真！」と怒られていたことを如実に表しています。

教師が子どもをどう呼ぶか、あるいは教師間でどう呼んでいるか。そこには無意識の中に、〝力関係〟が表れることがあります。教師がある子どもを名前で呼んだとき、「自分だけ特別な存在なのだ」と錯覚する子もいます。教師間で、名字だったり「○○ちゃん」だったり、呼び方が人によって違っていると、子どもも保護者も名前を呼ばれた教師に対して、「ちゃん扱いされる力のない先生」という印象を抱くかもしれません。

こうした言葉づかいがじわりじわりと人間関係をゆがめ、いつしか学校全体の荒れに広がっていくのではないでしょうか。公では、公にふさわしい呼び名があります。「一人の人間」として子どもを認める視点を忘れてはならないと強く思います。

教師が率先垂範で時間厳守を示す

時間を守らない教師がいます。特に、1時間めや中休み後の3時間めに顕著に表れます。お茶を飲みながら雑談に花が咲き、チャイムが鳴り出してから慌てて教室に向かうことが日常化している教師の学級では、子どもたちも時間に対してルーズになります。

このような学級では、常習的に遅刻をする子は、ますます時間にルーズになります。以前なら、教師が口うるさく言わなくても、保護者が何が何でも学校に送り出すことが当たり前でしたが、昨今では送り出すどころかそのまま休ませてしまうケースも少なくありません。こうした子どもや保護者に対して、始業時間を守らせるには、まず教師が率先垂範で子どもに示す必要があるのです。

時間を大切にしないのは、授業を大切にしないことと同じです。始業に遅れ、だらけた雰囲気の中で始める授業はもちろんだらけてしまいます。「遅れてこの時間でやりきれなかったけれど、何とかなるでしょう」という安易な考え方は、「何とかなるようなつまらない授業」しかしていないことでもあります。おもしろくない授業を受けている子どもたちは、そのうち授業に集中しなくなります。ますます学級がルーズになり、やがて学級の荒れを引き起こす悪循環に陥るのです。

1時間の授業を充実させるための第一歩は、時間厳守です。子どもたちが45分間授業に集中しているかどうか。自分の授業を見直さなければ、そのまま荒れの悪循環を引き起こしてしまうでしょう。

「グレーゾーン」は共通理解を図り、細かく指導

朝の自習や給食準備、清掃活動など、授業以外の「グレーゾーン」の時間帯は、ともすれば適当な指導になりがちです。深く考えず、毎年毎年「何となく」進めていくうちに、だんだんと子どもたちの規範意識が薄れていきます。

規範意識が低い子どもたちは、教師の目の届かないところでさぼったり遊んだりと、少しで

も楽をする安易な方向に進もうとします。さぼる子とまじめな子に二極化し、さぼる子は一生懸命頑張らなくても大丈夫だということを学び、他のまじめな子たちは「何で自分だけやらなきゃいけないの？　あの子たちばっかり楽してずるい」と不満をためていきます。このような雰囲気は、学級が荒れる危険な兆候です。

教師は、時間厳守や道具の使い方・進め方の手順を細かく決めて、子どもたちにルールを示していくことがとても重要です。できれば学校全体で、少なくとも学年間でルールの共通理解を図っておくことが必要です。

学校のシステムを見直す

学力が低い子どもは、荒れる傾向があります。授業がわからず自分が認められていないと感じている子にとって、教室は安心できる場所ではないからです。

荒れた学校を立て直すためには、学力向上が絶対条件です。特に、基礎学力をつけることが重要です。基礎学力を保障する時間を確保するためには、時間割の変更など学校のシステムを見直す必要があります。

前任校の例を挙げながら、学校のシステムの見直しについて見ていきましょう。

基礎学力の向上は、学校を立て直すための絶対条件。どの子にも安心して学べる場を提供することが大切。

前任校では、5時間めの前の10分間「のびのびタイム」を設定し、毎日ドリルなどの反復練習を行っていました。昼に設定したのは、朝、遅刻してくる子どもが多かったからです。学力が低く校内で荒れている子たちは遅刻常習者が多かったため、その子たちが参加できる昼の時間を活用することにしたのです。

このように、子どもたちの実態に合わせた時間割を組むことで、基礎学力が少しずつ定着していきました。自分の力に応じて確実に学習を進められる時間が保障された成果は大きかったと思います。

システムの見直しは、子ども同士のかかわりにおいても大きな役割を果たしました。

児童会の存在を大きく取り上げることで、子どもたちに自治意識をもたせ、集団生活の心地よさを体験させるようにしたのです。児童会では、六年生が中心となり、話し合いでさまざまな催しを決めていくようにしました。やがて、児童会に参加することが子どもたちの大きな関心事となり、先輩が生き生き活動する様子を見ていた五年生が六年生になると、児童会に参加できる委員会の委員長やクラブ活動の部長に張り切って立候補するようになりました。

児童会では、子どもたちが提案し、「朝のあいさつ運動」や「あ・し・へ・そ・は・い運動」の推進に取り組みました。「あ・し・へ・そ・は・い」とは、「あ」…挨拶、「し」…姿勢、「へ」…返事、「そ」…掃除、「は」…履物入れ、「い」…椅子入れの頭文字を並べたもので、基本的な生活習慣の定着を図る活動です。児童会が運動を提唱、実践、評価し合うことで、「自分たちの学校が誇れる取り組みだ」と定着するようになりました。

教師が「させる」のではなく、子どもたち自らが「決めた」ことを、周りの子どもたちにも広げていったのです。教師だけでは限界があります。子どもたち自らが考えて決め、子ども同士が望ましい方向へとともに進んでいくことが重要だと思います。

荒れた学校を立ち直らせるためには、教師自らが意識を変えて、いいと思ったことをとにかく実行してみること。いい流れは、やがて「新しい学校の文化」として定着していくはずです。

キーワード

学校再建の絶対条件は、「教師の意識改革」と「基礎学力向上」です。

学級を立て直す６つの鉄則

子どもの過去を〝リセット〟し、新たな学級づくりを

仲間とともに成長しようとする学級に

不信感でいっぱいの子どもたちの心を解き放ち、本来の子どもらしさがあふれる教室を取り戻すためには、教師と子どもがしっかりとつながり合うことが必要です。そのために、私が日々頭に留めている６つの鉄則をお話ししたいと思います。

菊池流・学級を立て直す６つの鉄則

①子どもの「過去」は問わない。
②子どもの情報を把握し、先手を打つ。
③子どもを「見る」だけでなく、「眺める」視点が大切である。
④教師は、Ｍ（母親）、Ｆ（父親）、Ｃ（子ども）の３つの役割を演じ分ける。

⑤〝ほうれんそう〟は早めに。
⑥特別な配慮が必要な子どもへの対応。

①子どもの「過去」は問わない

「今までの自分をリセットしましょう」

進級してすぐ、必ず私が子どもたちにかける言葉です。これまでよくないことをたくさんしてきた自分をリセットし、新しい学級で新しい自分を築き上げていこうという意味です。リセットには、教師も学級のみんなも、お互いの悪い印象を消しましょうという意味が込められています。

「成長したい！」と決意するためには、安心できる新しい環境が必要です。子どもたち一人ひとりのいいところを見つけてほめることで、新しい自分を意識させていきます。過去ではなく、今を見ていく教師の姿勢は、全ての鉄則の大前提になります。

子ども同士がお互いのよいところを見つけ合う「ほめ言葉のシャワー」で、居心地のいい学級づくりを。

②子どもの情報を把握し、先手を打つ

価値ある言葉で子どもたちをプラスの方向に導くことと同

時に、マイナスの行動を止めることも重要です。気になる子どもの情報をしっかりと把握し、タイミングを見計らって先手を打つことが大切です。

例えば小テストの前に、「『できん・わからん・知らん』と言ってすぐにあきらめる子がいますが、これを『馬鹿の3拍子』と言います」とみんなの前で話しておきます。いざテストの時、「わからん！」と否定した子がいたら、「馬鹿の3拍子」のたとえ話を思い出させると、クラスは笑いに包まれ、嫌な雰囲気が一掃されます。

教師は、周りの子どもたちを味方につけ、問題を起こしがちな子どもに引きずられないようにすることが必要でしょう。

③子どもを「見る」だけでなく、「眺める」視点が大切

気になる子どもとの距離を縮めすぎると、悪いところばかりが目につきやすくなります。そして、ひとたび問題を起こすと、つい感情にまかせて叱ってしまい、子どもと衝突してしまいます。教師は子どもを「見る」だけでなく、一歩引いて客観的に「眺める」視点も大切です。

特に、子ども同士がトラブルを起こしたときは、「またこの子か！」と先入観で決めつけず、両者の言い分をきちんと聴くこと。問題を起こす子は責められることが多く、「どうせ自分なんか」と自己肯定感をもてずにいます。きちんと話を聴くことで、子どもも落ち着いた気持ちで問題に向き合うことができるのです。

④教師は、M（母親）、F（父親）、C（子ども）の3つの役割を演じ分ける

子どもと向き合うとき、場面に応じて教師は3つの役割を演じ分け、メリハリをつけることが必要です。

例えば、子どもたちの活動がうまくいかなかった場合について見てみましょう。一生懸命頑張ったけれどうまくいかなかったのか、努力もせずさぼってうまくいかなかったのか。結果は同じでもそこまでの道のりは全く異なります。前者なら母親のようにおおらかに受けとめ、後者なら父親のように厳格に接することが必要です。「眺める」視点をもっていれば、どの場面でどう演じればいいか、自ずと見えてくるはずです。

⑤〝ほうれんそう〟は早めに

子どもの言動が、ちくっと心に刺さることがあります。「気のせいかな」「たいしたことないだろう」と受け流してしまうと、後で大きな問題に発展してしまうことがあります。気になることがあったら、同僚や管理職に早めに報告・連絡・相談しておき、多くの目で子どもを見守っていくことが大切です。

問題行動が生じたときには〝消火〟に目がいきがちですが、生徒指導で本当に大切なのは、早くに子どものサインに気づく〝防火〟です。常にアンテナを高くし、問題行動の小さな芽に気づくようにしましょう。

⑥特別な配慮が必要な子どもへの対応

発達障害児や外国にルーツがある子など、特別な配慮が必要な子どもがいます。友達と摩擦を起こさないようにと過剰に接してしまうと、他の子たちから「あの子だけ特別扱いしている！」と反感を買うことになります。

教師は、どの子についても、価値を認めてほめることが大切です。「今日、○○さんは明るい顔で友達に話しかけていました。すごいですね。そしてそれを見つけた△△さんもえらい！」と、価値ある行為をクラスみんなで共有していくのです。ともに成長していこうとする学級づくりが必要です。

キーワード

〝消火〟に目がいきがちな生徒指導、最も大切なのは〝防火〟です。

菊池流・支援が必要な子どもへの対応

みんなと一緒に学び合う

外国にルーツをもつ子や発達障害を抱える子など、支援が必要な子どもたちがいます。私のクラスでは、「ほめ言葉のシャワー」や「質問タイム」、話し合いの授業などを通して、みんなと一緒に学び合っています。

たどたどしい日本語でも安心できる学級に

勤務校は日本語教室が設置されていることもあり、外国にルーツをもつ子どもが比較的多く在籍しています。年度途中で転入・転出する子も多く、通常学級と日本語教室を行き来しながら学んでいます。

特に年度途中で転入してきた子や来日年数が短い子は日本語がたどたどしく、語彙が少ない傾向にあります。それでも子どもたちは、「ほめ言葉のシャワー」や朝の「質問タイム」をと

「ほめ言葉のシャワー」を浴びるうちに、日本語で表現しようと意欲が湧いてくる。

ても楽しみにしています。

韓国から来日して1年あまりの後藤灯里さんは、言葉の壁もあり、転入当初は学校生活がかなりのストレスになっていたようです。

ある日、調理実習と日本語教室の時間が重なってしまい、後藤さんは少し残念そうに日本語教室に向かいました。ところが、すぐに担当の先生と一緒に戻ってきました。彼女の希望を聞いて、一緒に調理実習をしようということになったというのです。

「昨年度はかなりストレスがあったと聞きましたが、今はそうでもないようです。普段、教室にいる後藤さんの姿を一度見てみたかったんです」

後藤さんが楽しそうにみんなとかかわっている姿を見ながら、担当の先生が話してくれました。

後藤さんにとって、この学級はきっと安心できる場所になっていたのでしょう。

学級に温かい雰囲気が生まれてくると、周りを思いやる姿が自然に見られるようになりました。例えば、「ほめ言葉のシャワー」の発表の時、声が小さい後藤さんの周りにみんなが集まり、何とか後藤さんの話を聴き取ろうとしていました。ほめ言葉が思いつかないときには、「ほめ言葉のシャワー」を浴びる子のいいところを書いて教えてあげる子もいました。

学級が安心できる場所になり、気後れすることなく話すようになることで、後藤さんの日本語の力も伸びていきました。

教師が一方的に話すだけの授業より、子どもたちが話し合う場を多く設けることで、子どもたちの語彙は豊かになります。そして、上手に話せなくても安心できる学級であれば、自然に話す機会が増えていきます。

言葉は使ってこそ、自分の身についていくのです。

周りが認めることで、自分らしさが発揮できる

自分の〝世界〟を大切にしている牧村涼太君は、落ち着きがなく、時には周りを巻き込んでけんかを繰り返していました。友達と問題を起こしては、校長室で個別学習ということもたびたびありました。

机の周りはいつもグチャグチャ、机の下にコートを敷いて作った秘密基地は、〝マッキーランド〟と呼ばれていました。周りの子どもたちは「牧村君は問題を起こす子」という悪いレッ

テルを貼っていました。

私が受け持ったとき、はじめの頃こそけんかの連続でしたが、「ほめ言葉のシャワー」などを通して学級がまとまってくると、周りの子どもたちが、いい意味で「牧村君はこういう子」ととらえるようになりました。牧村君に対してカチンときても、以前のようにぶつからなくなったのです。当然、けんかの数は減りました。けんかをしなくなった牧村君に、ある時、母親が理由を尋ねたところ、「けんかをする理由がなくなった」と話したそうです。

牧村君は討論がとても好きで、討論の時間になると、俄然張り切ります。もちろん、周りのみんなも牧村君の討論好きは理解しています。自分の存在感が発揮できる場ができたことも大きかったのでしょう。討論では、思わず頭にカッと血が上ることもありますが、「牧村君、最近頑張っているな……少し落ち着こうか」と声をかけると、冷静になれるようになりました。

集団の中で生きていくからこそ

教室にはさまざまな子どもがいます。家庭環境が複雑な子も少なくありません。むしろ、どんな子でも何らかの問題を抱えているといってもいいでしょう。

そういう子ども一人ひとりへのアプローチはもちろん大切です。後ろにいると落ち着かない子は前に座らせ、何を書いていいのかわからない子には机間巡視をしながらそっとアドバイスをします。

だからといって、特別扱いはしません。人は誰も一人で生きていくことはできません。集団の中で生きていかなければならないのです。だからこそ、集団で学び合い、さまざまな子どもの〝違い〟が生きる授業が大切だと思っているのです。

違いが生きる授業とは何か。そう、コミュニケーションの授業です。一方通行ではなく、さまざまな形で伝え合いながら理解していくのがコミュニケーションです。自分を認め、相手を認める。ポイントはそこに尽きるのではないでしょうか。

キーワード

コミュニケーションの授業で、違いを理解し合う関係を築いていくのです。

コミュニケーション力は、集団の中でしか育たない

最も重要なのは「相手への思いやり」

コミュニケーション力は、集団の中でこそ育つ力です。自分を表現したり相手の話を聴いたりしながらお互いを磨き合うコミュニケーション力は、経験を積まなければ決して伸ばすことができません。

漢字を覚えたり計算問題を解いたりする力は一人でも伸ばすことができますが、相手があってこそ成り立つコミュニケーション力は、集団で育てていくことが不可欠です。つまり、コミュニケーション力を育てるためには、しっかりした学級づくりが土台になるのです。

私は、コミュニケーション力を次のような公式にあてはめて考えています。

技術〈内容＋声＋態度＋α〈工夫〉〉×相手への思いやり

話の内容がいいことはもちろんですが、声の出し方や目線、ジェスチャー、笑顔などの態度が必要な「技術」として大きな意味をもちます。そしてキーポイントは、公式の最後にある「相

手への思いやり」。ここがかけ算になっているのは、どんなに技術があっても「相手への思いやり」が0だったら、話す力は0になってしまうということ。つまり、「話す力」で最も重要なのは、「相手への思いやり」なのです。

話す指導というと、用意した原稿の内容を、あるいは暗記した内容を、大きな声でスラスラと話すことに目がいきがちです。しかし、それだけでは上手・下手という技術に偏り、相手（聞き手）の心に届くスピーチをしようという意欲につながりません。

1回のスピーチにつき、指導ポイントは一つ

国語科の教科書で重点学習に取り上げられたときだけ指導しても、話す力・聞く力は身につきません。そこで、私は学級づくりと連動させ、1年間を通して話す力・聞く力の指導に取り組むようにしています。

最初は、「型」を教えることから始めます。スピーチをするときは、まず礼をして、「はじめ・中・まとめ」で話をし、最後に挨拶をする「型」を教え、人が傷つくことや下品な内容は話さないことを示します。

話す内容は、事実と気持ちを一つずつ入れた「1＋1」の型から始めます。例えば、「昨日、

運動会がありました（事実）。とても楽しかったです（気持ち）」というものです。「これでいいの？」と思うような、子どもたちが安心感をもって取り組める易しいステップからスタートするのです。

慣れてくると、この型を破って個性あふれる話をする子どもが出てきます。ここでいったん自由にスピーチをさせます。そして次は、「２＋１で話そう」とレベルを上げます。このように、型→自由→型を繰り返して、徐々にスピーチの内容を膨らませていきます。

声の出し方や姿勢、話の構成などスピーチに必要な指導のポイントはいくつもありますが、1回のスピーチでは一つに絞ります。例えば、「今日のスピーチでは、数字を入れよう」と提示し、それができたら合格と、ほめるようにします。

人前で話すことに慣れていない子どもは、「これでいいのだろうか」「みんなは自分の話を聞いてくれるだろうか」と不安でいっぱいです。教師がいいところを見つけてほめることで、子どもたちに達成感を味わわせることが大切です。

話す力の指導でもう一つ必要になるのが、「聞き手」を育てることです。

スピーチの感想を尋ねてみると、「みんなが一生懸命聞いてくれた」「拍手をしてくれて嬉しかった」ことを挙げる子が大勢います。

人前で話すときは誰でも緊張します。でも、聞き手が興味をもって聞いてくれれば、その緊張は心地よさに変わります。話し手・聞き手が育つことで、お互いの意見を尊重し合う雰囲気がクラスに生まれ、一層充実したスピーチが行われるようになるのです。

キーワード

コミュニケーション力は、相手がいて、経験の中でのみ磨かれていく力です。

第3章　菊池流勉強術＆学級立て直し術　―子どもとつながり、子ども同士をつなげる―

あとがき

２０１４年の春休み、北九州で菊池道場主催のセミナーを開催しました。前日の終了式の日に、何とはなしに5年1組の子どもたちに声をかけたところ、５人が参加してくれました。

私や菊池道場メンバーの先生方の講座を、参加者とともに聞いていた子どもたちに、最後に感想を発表してもらいました。子どもたちからのリクエストで、Ｑ＆Ａ形式で、会場からの質問に答えてもらいました。

「担任してもらうのは、どんな先生がいいですか?」の問いには、「叱るところは叱って、ほめるところはほめてほしい」「決めつけるのではなく、わたしたちの話をちゃんと聞いてほしい」などの答えが出ました。

最後は、「菊池学級で自分らしさを見つけられましたか?」という質問でした。

抽象的で難しい質問に、子どもたちは「今まではけんかで授業が終わってしまうこともあったけれど、今は違う」「今までは、D語（だって、でも、どうせ）を使っていたけれど、今はY語（よし、やるぞ）が言えるようになった」「みんなで一緒にプラスの方向への働きかけができるようになった」など、どの子も自分とクラスみんなの成長を話してくれました。

そして川口夏穂さんがこう締めくくったのです。

「――そんな自分が大好きです」

1年後の成長を信じ、その先にもきっとつながる〝生き方〟を示してくれた子どもたちに、私は胸が熱くなりました。

「子どもを育てるのではなく、人を育てる姿勢が大切」――師匠・桑田泰助先生の言葉を思い出しました。

人は誰でも言葉を覚えると使いたくなります。相手と対話をする中で新たな言葉を知り、語彙が増えていきます。自分の思いや状況を相手に理解してもらうためには、どのように表現すればいいか、常に言葉を意識するようになります。教室の中で言葉が豊かになると、自分らしさが育っていくのです。

子どもたちの言葉が豊かになってくると、授業が変わります。1年間を見通した学級づくりができるようになります。子どもたちの日々の事実をとらえながら、しなやかな指導をしていきたいと思っています。

荒れた学級を立て直し、温かい人間関係を築くためには、言葉を大切にしたコミュニケーション力が何より大切です。子どもたちの成長の事実を目の当たりにしてきたからこそ、自信をもって言えることです。

担任は、ともすれば学級を〝整える〟指導に偏りがちです。「学級ではこんな行動をすべき」と教師の基準で枠をつくり、結果的に、子どもたちをその枠に閉じ込めたり、押さえつけたりしてしまうのです。教師の言う通りに行動し、一見落ち着いたように見えた学級は、学級が変わって枠がなくなれば、リバウンドしてしまいます。

学級づくりは、乱れを正す「整える」ことから、最終的にはまとめて「調える」方向へ向かうことが大切です。調った学級には、自分と同じように他者を理解でき、一人ひとりが活躍できる場があります。一人ひとりの違いを認めながら、学級としてまとまっていくのです。

こうした〝自治〟の力を身につけた子どもたちは、たとえ学級が変わっても大きくぶれることはありません。それが、社会に出ても生き方の〝軸〟になるはずだと信じています。

「学級崩壊を起こさない」「荒れた学級を立て直す」学級づくりというテーマで、全国から講演の依頼をいただくようになりました。どこの学校・学級でも「学級の荒れ」と奮闘している先生方が多いのだな、と改めて気づかされました。

講演で私は、「昨日」の学級の子どもたちの姿をもとに話をしています。現在進行形の様子をお知らせすることが、私の実践の何よりの〝証〟になると思うからです。

講演で話している私の学級は、もしかしたら明日荒れるかもしれません。そうさせないために、どのように成長の道を示していけばよいのか。人前で話すということは、教師としての私自身の覚悟でもあると思っています。

本書は、小学館『総合教育技術』の連載「月刊　菊池道場」を中心に、『総合教育技術』『小四教育技術』の特集記事に加筆してまとめました。

連載時から、記事をまとめて構成いただいた関原美和子氏には、本当にお世話になりました。また、連載、本書をご担当いただいた編集部の白石正明氏と川辺一雅氏にもお礼を申し上げます。

本著がきっかけになり、温かい言葉があふれる教室が生まれることを期待しています。

2014年8月　菊池　省三

菊池省三流　奇跡の学級づくり

2014年11月5日　初版第1刷発行
2024年12月10日　　　第4刷発行

著者／菊池省三　構成／関原美和子

発行者／北川吉隆
発行所／株式会社　小学館
〒101-8001　東京都千代田区一ツ橋2-3-1
編　集／03-3230-5683
販　売／03-5281-3555
印　刷／三晃印刷株式会社
製　本／牧製本印刷株式会社

ISBN 978-4-09-840155-0

編集／白石正明　　宣伝／阿部慶輔　　販売／福島真実
制作／浦城朋子
DTP／おーく舎